"十四五"职业教育国家规划教材

职业教育物流管理专业教学用书

岗课赛证综合育人系列教材

全国优秀教材一等奖

U0748549

物流设备应用

（第2版）

陈雄寅 编著

电子工业出版社

Publishing House of Electronics Industry

北京·BEIJING

内 容 简 介

本书是职业教育物流管理专业教学用书之一。本书采用项目、任务组织教学内容,适合采用项目教学法、任务引领教学法,每个任务由任务展示、任务准备、任务执行、任务评价组成。

本书主要内容包括仓储设备应用、集装单元器具应用、装卸搬运设备应用、智能物流设备应用。为了更好地助教助学,拓展教学资源,本书各任务均配有二维码,二维码内容主要为与教材内容配套的多媒体课件及相关的拓展知识。

本书可作为职业院校物流管理专业及相关专业的教学用书,也可作为物流从业人员的参考资料和培训用书。

图书在版编目(CIP)数据

物流设备应用 / 陈雄寅编著 . —2 版 . —北京:电子工业出版社,2023.11
ISBN 978-7-121-46601-4

Ⅰ.①物… Ⅱ.①陈… Ⅲ.①物流-设备-职业教育-教材 Ⅳ.①F253.9

中国国家版本馆 CIP 数据核字(2023)第 211961 号

责任编辑:王志宇
印 刷:北京缤索印刷有限公司
装 订:北京缤索印刷有限公司
出版发行:电子工业出版社
 北京市海淀区万寿路 173 信箱 邮编 100036
开 本:880×1 230 1/16 印张:8.5 字数:218 千字
版 次:2018 年 7 月第 1 版
 2023 年 11 月第 2 版
印 次:2025 年 7 月第 5 次印刷
定 价:45.00 元

凡所购买电子工业出版社图书有缺损问题,请向购买书店调换。若书店售缺,请与本社发行部联系,联系及邮购电话:(010)88254888,88258888。

质量投诉请发邮件至 zlts@phei.com.cn,盗版侵权举报请发邮件至 dbqq@phei.com.cn。

本书咨询联系方式:(010)88254523,wangzy@phei.com.cn。

前 言

本书第 1 版于 2018 年 7 月出版发行,自面市以来,深受广大师生和业界读者的欢迎。于 2020 年入选教育部"十三五"职业教育国家规划教材,于 2021 年被国家教材委员会评为首届全国优秀教材(职业教育与继续教育类)一等奖,于 2023 年入选教育部"十四五"职业教育国家规划教材。

物流设备是进行现代物流活动的物质基础,贯穿于物流活动的全过程,深入每个作业环节,以实现物流各项作业的功能,是生产力发展水平与现代化程度的重要标志。近年来,物流设备正朝着智能化、自动化、集成化、标准化、绿色化的方向快速发展,其现代化水平不断提高。本书重点介绍在现代物流活动中如何应用常用的物流设备。为了更好地保持本书的时代性和实用性,我们深感有必要对第 1 版教材的内容进行必要的更新与修订,使本书更能适应物流行业对人才的需求。

党的二十大报告中提出"教育、科技、人才是全面建设社会主义现代化国家的基础性、战略性支撑",要"实施科教兴国战略,强化现代化建设人才支撑"。本书在编写修订过程中始终以党的二十大精神为指引,以培养实用型物流技能人才为目标,将全书分成 4 个项目,项目一为仓储设备应用,项目二为集装单元器具应用,项目三为装卸搬运设备应用,项目四为智能物流设备应用。本书每个任务设计了以下栏目。

(1)任务展示:通过布置操作性较强的任务,激发学生的学习兴趣和工作欲望。

(2)任务准备:采用问题导向的方式,介绍任务所涉及的一些必备理论知识、操作要点,为后续任务执行做准备。

(3)任务执行:展示任务的具体操作步骤,以及介绍操作过程中应该注意的细节。

(4)任务评价:通过自我评价、他组评价、教师评价对任务的完成情况进行综合评价。

本书的主要特点如下。

(1)立德树人,课程思政。习近平总书记一贯高度重视培养社会主义建设者和接班人,明确要求"要坚持社会主义办学方向,把立德树人作为教育的根本任务"。因此,在教材编写过程中,我们把民族精神、劳模精神、工匠精神、时代精神有机地融入到教材之中,力求做到"随风潜入夜,润物无声"。

(2)岗课赛证,书证融通。本书把学历证书与职业技能等级证书结合起来,探索实施 1+X 证书制度,是国务院 2019 年发布的"职教 20 条"的重要改革部署。本书积极响应国家的职教改革部署，岗课赛证，综合育人，是"书证融通"的职业教育国家规划教材。

（3）**四个对接，三个融合**。本书实现"四个对接"，即课程体系与岗位需求的对接，编写体例与工作流程的对接，学习内容与工作内容的对接，校内教学资源与企业培训资源的对接。同时该系列丛书的教学设计充分体现"三个融合"，即职业技能教育与思政教育、情感教育、职业生涯规划教育的融合。

（4）**校企双元，产教融合**。本书精心选取物流企业的典型业务案例，结合物流企业工作过程创设任务情境，贴近物流企业工作实际。教材编写人员中既有全国物流职教名师，又有行业企业专家，较好地体现了产教融合。

（5）**岗位导向，任务驱动**。本书基于任务驱动和工作流程进行编写，将物流行业相关岗位的工作任务转化为教学任务，实现"岗位导向，任务驱动"，体现"德技并修，工学结合"。

（6）**突出典型，注重实务**。本书在编写过程中突出典型工作任务转化而成的教学任务，例如，DPS拣选设备等仓储设备应用、集装箱等集装单元器具应用、全电动叉车等装卸搬运设备应用、智能快递柜等智能物流设备应用等，均源于物流企业实际业务中的典型工作任务。

（7）**对标高新，与时俱进**。本书注重反映物流行业的新设备、新技术，例如，无人仓库、自动叉车、智能快递柜、智能扫描设备、无人机、5G技术、类KIVA机器人等均被引入教材，走进课堂，使职业教育教材与时俱进。

（8）**图文并茂，全彩印刷**。本书采用全彩印刷，以图文并茂的形式展现内容，直观形象地介绍各种常用的物流设备如何辨识和应用，更加浅显易懂。

（9）**内容精当、资源丰富**。为了拓展教学资源，本书各项目的任务均配有二维码，二维码内容主要为与教材内容配套的多媒体课件及相关的拓展知识。本书还配有教学指南、电子教案等教辅资源，授课教师可登录华信教育资源网下载。

本书由黎明职业大学陈雄寅负责全书的总撰和定稿。贾铁刚、韦妙花、庄敏、孙亮、陆红玉、罗兴维、万贵银参与本书的编写。周跃良和齐英担任本书的主审。

在本书的编写过程中，借鉴和参考了许多相关的文献资料，在此对相关作者深表谢意。本书在编写过程中得到了黎明职业大学、浙江师范大学、福建省晋江职业中专学校等院校，中国物流与采购联合会、中科富创（北京）科技有限公司等行业、企业的大力支持，在此表示感谢。

由于编写时间仓促和编者水平有限，书中难免有疏漏之处，恳请广大读者批评指正。

编著者

目　录

| 项目一 |

仓储设备应用

在本项目中，我们将仓储设备应用分为 4 个任务，分别是仓储设备辨识、货架组装、DPS 拣选设备应用和半自动打包机应用。

项目目标

知识目标	1. 理解仓储设备分类。 2. 掌握货架的分类、作用、类型及功能。 3. 了解打包机的种类。
技能目标	1. 掌握辨识保管设备的能力。 2. 掌握电子标签辅助拣货系统的作业流程。 3. 掌握打包机安全操作流程。
素质目标	1. 培养提高主动探索问题的能力。 2. 培养安全规范操作意识。 3. 培养工匠精神、劳动精神、劳模精神。

任务一　仓储设备辨识

任务展示

1. 请扫一扫如图 1-1 所示的二维码，预习本任务的学习资料。

2. 晋江明鸿有限公司有一间空置的单层厂房，现计划将其改造成一间仓库出租给某知名的饮料公司，作为该公司在当地的零售配送仓库。经过前期的土建改造，将该厂房改造成整体高度为 9 m 的单层仓库，库内净高为 7.5 m，库房总建筑面积为 8 000 m²，仓库平面图如图 1-2 所示。请根据租赁人的要求与实际情况，为仓库选配合适的仓储设备。要求所选择的仓储设备能满足该仓库对所负责货物的仓储作业要求，并要考虑与仓库内其他设施设备的通用问题。

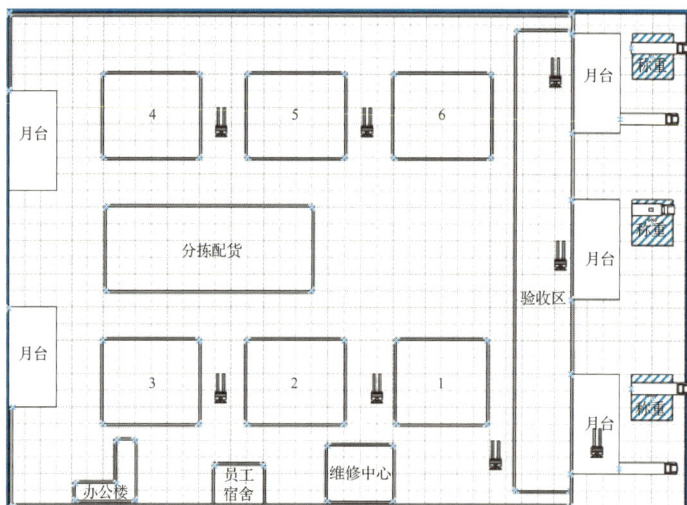

图 1-1　本任务学习资料

图 1-2　仓库平面图

任务准备

任务准备 1：仓储设备是什么？

仓储设备是指能够满足储藏和保管物品需要的技术装置和机具（见图 1-3），其并非仅指以房屋、有锁之门等外在表征的设备。

任务准备 2：仓储设备如何分类？

仓储设备具体可分为装卸搬运设备和保管设备、计量设备、养护检验设备、通风照明设备、消防安全设备、劳动防护设备以及其他用途设备和工具等，如图 1-4 所示。

双层验料车　登高车　塑料托盘　木制托盘　钢制托盘

周转箱　分隔式零件盒　立式零件盒

静音手推车　双层平推车　可堆式物流箱　整理箱

步步高　装卸货运车　磁性标签　背挂式零件盒

图 1-3　仓储设备

仓储设备的分类
- 装卸搬运设备
- 保管设备
- 计量设备
- 养护检验设备
- 通风照明设备
- 消防安全设备
- 劳动防护设备
- 其他用途设备和工具

图 1-4　仓储设备的分类

任务准备 3：如何辨识装卸搬运设备？

装卸搬运设备用于商品的出入库、库内堆码及翻垛作业。这类设备对改进仓储管理、降低劳动强度、提高收发货效率具有重要作用。

目前，我国仓库中所使用的装卸搬运设备通常可以分成以下三类。

（1）**装卸堆垛设备**：包括叉车、登车桥、桥式起重机、轮胎式起重机、门式起重机、堆垛机等。

（2）**搬运传送设备**：包括托盘搬运车、手推车、皮带输送机等。

（3）**成组搬运工具**：包括托盘等。

任务准备4：如何辨识保管设备？

保管设备用于保护仓储商品的质量。主要可归纳为以下两种。

（1）苫垫用品：起遮挡雨水和隔潮、通风等作用，包括苫布（油布、塑料布等，见图1-5）、苫席、枕木、石条等。苫布、苫席用在露天堆场。

（2）存货用具：包括各种类型的货架、货橱。

货架，是存放货物的敞开式格架，如图1-6所示。根据仓库内的布置方式不同，货架可采用组合式或整体焊接式两种。整体焊接式的制造成本较高，不便于货架的组合变化，因此较少采用。货架在批发、零售量大的仓库，特别是立体仓库中起很大的作用。它既便于货物的进出，又能提高仓库容积利用率。

图1-5　苫布　　　　　　　　　　　　　　图1-6　货架

货橱，是存放货物的封闭式格架，主要用于存放比较贵重的或需要特别养护的商品，如图1-7所示。

图1-7　货橱

任务准备5：如何辨识计量设备？

计量设备用于商品进出时的计量、点数，以及存货期间的盘点、检查等。如地磅、轨道秤、电子秤、电子计数器、流量仪、皮带秤、天平及较原始的磅秤、卷尺等。随着仓储管理现代化水平的提高，现代化的自动计量设备将会更多地得到应用。

任务准备 6：如何辨识养护检验设备？

养护检验设备是指商品进入仓库验收和在库内保管测试、化验，以及防止商品变质、失效的机具、仪器。如温度仪、测潮仪、吸潮器、烘干箱、风幕（设在库门处，以隔内外温差）、空气调节器、商品质量化验仪器等。这类设备在规模较大的仓库内使用较多。

任务准备 7：如何辨识通风保暖照明设备？

通风保暖照明设备根据商品保管和仓储作业的需要而设，如图 1-8 所示。

图 1-8　通风保暖照明设备

任务准备 8：如何辨识消防安全设备？

消防安全设备是仓库必不可少的设备，包括报警器、消防车、手动抽水器、水枪、消防水源、砂土箱、消防喷淋、消防云梯等。常见的消防安全标志如图 1-9 所示。

灭火设备标志

	灭火设备 FIRE-FIGHTING EQUIPMENT
	手提式灭火器 PORTABLE FIRE EXTINGUISHER
	推车式灭火器 WHEELED FIRE EXTINGUISHER
	消防炮 FIRE MONITOR

图 1-9　常见的消防安全标志

任务准备 9：如何辨识劳动保护用具？

劳动保护用具主要用于确保仓库职工在作业中的人身安全，如图 1-10 所示。

必须戴出入证　必须戴安全帽　必须戴防护眼镜　必须戴护耳器

必须穿防护服　必须戴防护口罩　必须戴防护手套　必须穿防护鞋

图 1-10　消防安全标识

任务准备 10：如何辨识无人仓库？

随着人力成本的不断提高，物流企业为了控制仓储成本、提高仓储效率，在无人智能化仓储上进行了有效尝试，于是能实现全流程、全系统智能化的无人仓库应运而生。京东物流的无人仓库，阿里、亚马逊的智能无人仓库都是具有代表性的无人仓库，其中最具代表性的是京东物流首个全流程无人仓库，也是全球首个正式落成并规模化投入使用的全流程无人的物流中心。

无人仓库是指货物从入库、上架、拣选、补货，到包装、检验、出库等物流作业流程全部实现无人化操作，是高度自动化、智能化的仓库。无人仓库一般分为入库、仓储、分拣和打包出库四个区域，由智能控制系统操控自动入库系统、自动立体仓储系统、自动拣选系统、自动打包出库系统，完成全流程作业，而各系统根据智能控制系统提供的信息向各自控制的机器人发布指令，由这些具备不同功能和特性的机器人完成各环节具体作业。

智能控制系统是无人仓库的"智慧"大脑，是仓库管理、控制、分拣和配送信息等系统的总集成。智能控制系统通过数据感知技术，将所有的商品、设备等信息进行采集和识别，并迅速将这些信息转化为准确、有效的数据，上传至信息处理系统，处理系统再通过人工智能算法生成决策和指令，指导各种设备自动完成物流作业。

扫一扫

请扫一扫如图 1-11 所示的二维码，了解我国物流设备的发展现状及趋势。

图 1-11　我国物流设备的发展现状及趋势

任务执行

步骤1：情况分析

（1）仓储设施设备情况：根据任务展示确定仓储设施设备。

（2）货物包装情况：本仓库将租赁给知名的饮料公司，作为该公司的零售配送仓库。因此，仓库存储货物为该公司的各种饮料，主要以箱为单位，包装材料主要为瓦楞纸、塑料薄膜等，单件包装箱形状为矩形。

（3）作业量情况：饮料为快速消费品，需求量较大，特别是在夏季，需求量大增，因此，将会有大量货物运达本仓库；而本仓库又是零售配送型仓库，需要负责本地区几十家终端零售商店的各种饮料的配送工作，因此，需要进行多批次、小批量货物的装卸搬运作业。

（4）运动形式、运送距离情况：因为本仓库采用的货架为多层货架，因此货物运动形式为水平、垂直运动；运送距离均在本库内完成，属于短途搬运。

步骤2：选配仓储设备

根据上述分析，可以明确在货物储存作业中，需要大批仓储设备。综合上述要求，要选择合适的装卸搬运设备、保管设备（存储）、分拣设备、包装设备、计量设备、养护检验设备、通风照明设备、消防安全设备、劳动防护设备及其他用途设备和工具等。

任务评价

在完成上述任务后，教师组织进行三方评价，并对学生的任务执行情况进行点评。学生完成如表1-1所示"仓储设备辨识"任务评价表的填写。

表1-1　"仓储设备辨识"任务评价表

任 务			评 价 得 分			
任务组			成员			
	评价任务		分值/分	自我评价（占20%）	他组评价（占30%）	教师评价（占50%）	合计（占100%）
评价标准	辨识仓储设备		30				
	任务分析		30				
	选配仓储设备		40				
合　计			100				

图1-12　本任务学习资料

任务二　货架组装

任务展示

1. 请扫一扫如图1-12所示的二维码，预习本任务的学习资料。

2. 组装托盘货架。

任务准备

👉 **任务准备1：什么是货架？**

货架是指专门用于存放成件物品的保管设备，横梁托盘货架构造示意图如图1-13所示。

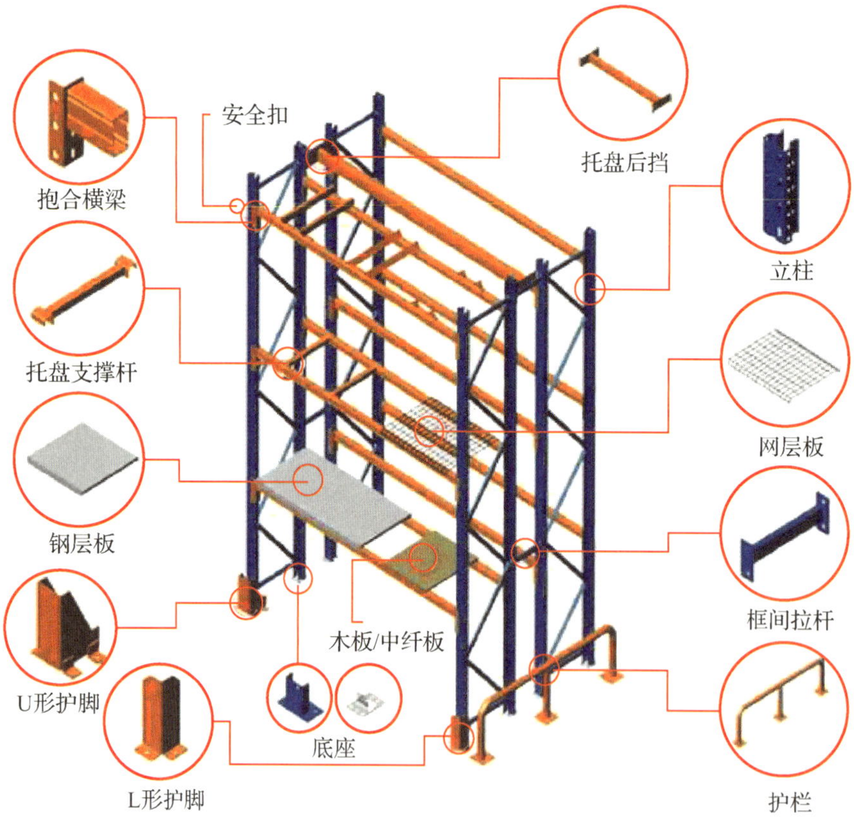

安全扣

抱合横梁

托盘支撑杆

钢层板

U形护脚

L形护脚

底座

木板/中纤板

托盘后挡

立柱

网层板

框间拉杆

护栏

图1-13　横梁托盘货架构造示意图

👉 **任务准备2：货架的作用及功能有哪些？**

（1）货架是用钢材或钢筋混凝土制成的架子，可以用增加货架高度的方法来充分利用仓库的空间，扩大仓库的储存能力。

（2）存放在货架中的货物，相互之间不接触、不挤压，可以完整保证货物本身的功能，减少货物的损坏。

（3）采用货架储存货物存取方便，便于清点及计量，容易实现自动化管理。

（4）可以采用防潮、防尘、防盗等措施来提高货物存储的质量。

（5）新型货架的结构形式有利于实现仓储系统的机械化及自动化管理。

👍 任务准备 3：货架的类型有哪些？

货架是现代立体仓库的基本存储设备，也是实现仓储自动化的基础条件之一。货架的分类如表 1-2 所示。

表 1-2 货架的分类

分 类 方 式	具 体 内 容
按货架的形式分类	通道式货架
	密集型货架
	回转式货架
按货架的适用性分类	通用货架
	专用货架
按货架的制造材料分类	钢货架
	钢筋混凝土货架
	钢与钢筋混凝土混合式货架
	木制货架
	钢木合制货架
按货架的封闭程度分类	敞开式货架
	半封闭式货架
	封闭式货架
按货架与建筑物之间的关系分类	整体结构形式货架
	分体结构形式货架
按货架的高度分类	低层货架
	中层货架
	高层货架

1. 按货架的形式分类

按货架的形式，可分为通道式货架、密集型货架和回转式货架。

通道式货架：这种形式的货架需按人工作业或机械作业的方式，根据所使用的机械类型预留一定宽度的通道。其中有货柜式货架、托盘货架、悬臂式货架（见图 1-14）和贯通式货架（见图1-15）等。

图1-14　悬臂式货架

图1-15　贯通式货架

密集型货架：这种形式的货架可大大节省通道面积并提高库容率。常见的有移动式货架（见图1-16）和重力式货架（见图1-17）。

回转式货架：这种形式的货架在动力驱动下能沿轨道运行，将货物所在的货架旋转到拣货点，便于对储存货物的拣选。常见的有水平回转货架和垂直回转货架。

2. 按货架的适用性分类

按货架的适用性，可分为通用货架和专用货架。

图1-16　移动式货架

图1-17　重力式货架

3. 按货架的制造材料分类

按货架的制造材料，可分为钢货架、钢筋混凝土货架、钢与钢筋混凝土混合式货架、木制货架和钢木合制货架等。

4. 按货架的封闭程度分类

按货架的封闭程度，可分为敞开式货架、半封闭式货架和封闭式货架等。

5.按货架与建筑物之间的关系分类

按货架与建筑物之间的关系，可分为整体结构形式货架和分体结构形式货架。

整体结构形式货架：货架直接支撑仓库屋顶和围栅。

分体结构形式货架：货架与建筑物分为两个独立系统。

6.按货架的高度分类

按货架的高度，把货架分为以下 3 种。

（1）低层货架：高度在 5 m 以下。

（2）中层货架：高度为 5~15 m。

（3）高层货架：高度在 15 m 以上。

扫一扫

请扫一扫如图 1-18 所示的二维码，了解几种典型的货架。

图 1-18 几种典型的货架

任务执行

步骤 1：安装前的准备工作

1.施工条件

（1）安装施工前，应熟悉图纸，对特殊或复杂的安装应编制施工方案。

（2）安装施工前，应了解安装现场电源供应的情况。

（3）安装施工前，安装施工地点及附近的杂物、垃圾等应清扫干净。

2.收件检查保管

（1）开包或开箱前，应对照发货清单、标准件装箱单检查货架的构件，并做好记录，如发现散包、缺件、构件严重损坏，应对散包、缺件、严重损坏的构件就地拍照，并将图像资料及时传给供货商。

（2）开包时，应将构件对照零件图进行检测，核对规格、公差等尺寸，发现有误应及时反映。

（3）开包后，构件、机械和工具均应妥善保管，不得使其变形、损坏、错乱和丢失。

3. 埋件（预置坑）检查

埋件（预置坑）的布置、几何尺寸和质量要求，应该符合图纸规定。布置后和安装前，应对埋件（预置坑）进行检查。

👍 步骤 2：组装放线

（1）组装时应该对构件逐一进行校正，对组件进行尺寸核对，设立放线依据。

（2）应按平面图和有关建筑物的轴线、边缘线及标高线，划定安装的基准线。

（3）当测量直线度、平行度时，应当使用拉线和重锤。

👍 步骤 3：地脚螺栓

装置地脚螺栓应符合下列要求。

（1）膨胀螺栓的中心线应按图放线：膨胀螺栓的底端至基础底面的距离不得少于螺栓公称直径的 3 倍，且不得小于 30 mm；相邻两根膨胀螺栓的中心距离不得小于螺栓公称直径的 7.5 倍。

（2）装置膨胀螺栓的钻孔应防止与基础中的钢筋、预埋管和电缆等埋设物相碰；不得采用预留孔。

（3）装置膨胀螺栓的基础混凝土强度不得小于 10 MPa。

（4）地坪裂缝部位不得使用膨胀螺栓。膨胀螺栓钻孔的直径和深度应符合规定，钻孔深度可超过规定值 5 ~ 10 mm；成孔后应对孔径和深度及时进行检查。

（5）膨胀螺栓露出部分应垂直底面。

👍 步骤 4：组装货架

（1）根据立柱片的高度及重量，采用人工（滑轮等）、机械（车吊等）等方式，同时配备一定数量的横梁，构成稳定结构。

（2）竖起后将排数、列数按图进行方位、尺寸复核，并进行标高、垂直、水平等初步调整，如有其他附件的则逐一配套安装，使各项数据达到标准，然后依排逐列安装。

（3）使用垫板调平时，应符合下列规定：

① 每一垫板组宜减少垫板块数，不宜超过 5 块。放置时厚的放在下面，薄的放在中间；

② 每一垫板组应放置整齐平稳，接触良好；

③ 调平后，每组垫板均应压紧。

（4）安装横梁时必须两头均扣入到位，同时插入保险销。

（5）各类型货架（如阁楼式货架、悬臂式货架、重力式货架等）特殊部分按其顺序、要求分别进行安装。

👍 步骤 5：调整

（1）应对货架总体进行水平、垂直调整，直至符合标准。

（2）对合同有要求的应做横梁承重试验，测试横梁下挠度。

（3）对有堆垛机或叉车的应做对位试车。

（4）对构件表面小面积的漏涂、剥落、磨损应补涂。

（5）所有紧固件均应拧紧，螺栓应露出螺母 2 ～ 4 个螺距；沉头螺钉紧固后，沉头应埋进构件内，不得外露。

步骤 6：验收

（1）安装工程竣工后，应按合同指定的标准进行验收。

（2）验收时，应准备下列资料：

① 总图（或按实际完工注明修改的总图）；

② 设计修改的有关资料；

③ 自检测试记录；

④ 其他有关资料。

（3）应办理验收手续。

任务评价

在完成上述任务后，教师组织进行三方评价，并对学生任务执行情况进行点评。学生完成如表 1-3 所示"货架组装"任务评价表的填写。

表 1-3　"货架组装"任务评价表

任　务			评 价 得 分			
任务组			成员			
	评价任务		分值 / 分	自我评价（占 20%）	他组评价（占 30%）	教师评价（占 50%）	合计（占 100%）
评价标准	领取材料		10				
	组装立柱		25				
	组装横梁		25				
	组装层板		20				
	日常维护保养		20				
合　计			100				

任务三　　DPS 拣选设备应用

任务展示

1. 请扫一扫如图1-19所示的二维码，预习本任务的学习资料。

2. 利用电子标签辅助拣货系统完成出库任务，出库通知单如表1-4所示。

图1-19　本任务学习资料

表1-4　出库通知单

出库通知单				题　　号	02
客户指令号					CK20120602
仓库	实训库房			收货人	物美超市
货品条形码	货品名称	单　位	数　量	备　注	
6922868289127	优选卷筒纸	卷	6		
6901236373958	维达卷筒纸	卷	6		
6922233611058	五月花卷筒纸	卷	2		
6930363000468	海得润滋饮用纯净水	瓶	10		
6923555218482	汇源纯净水	瓶	6		
6910183004297	冰露饮用矿物质水	瓶	1		
6902083881405	娃哈哈饮用纯净水	瓶	1		
6942417395437	康师傅天然水	瓶	2		

任务准备

任务准备1：什么是DPS？

电子标签辅助拣货系统，在欧美一般称为PTL（Pick-to-light or Put-to-light）系统，在日本称为CAPS（Computer Assisted Picking System）或者DPS（Digital Picking System），主要是由主控计算机来控制一组安装在货架储位上的电子标签装置，借助上面的信号灯信号和显示屏上的数字来引导拣货人员正确、快速地拣取货品，它将拣货作业简化为"看、拣、按"三个单纯的动作，减少了拣货人员目视寻找的时间，而且它是一种无纸化的拣货系统，可大大提高拣选效率，降低拣错率和工人的劳动强度，电子标签辅助拣货系统如图1-20所示。

图 1-20　电子标签辅助拣货系统

任务准备 2：电子标签辅助拣货系统的优点有哪些？

（1）可以提高拣货速度及效率，降低拣货错误率；

（2）提高出货配送效率；

（3）实现在线管理和拣货数据在线控制，使库存数据一目了然；

（4）操作简单，人员不需特别培训就能上岗作业。

任务准备 3：电子标签辅助拣货系统的作业流程是什么？

电子标签辅助拣货系统的作业流程为：

（1）电子标签辅助拣货系统获取订单资料并进行处理；

（2）控制器将经过处理的订单资料传送至货架上的电子标签；

（3）电子标签显示拣货数量；

（4）拣货员按照电子标签指示，快速而准确地执行指令，无须携带拣货单；

（5）拣货完毕，拣货员单击"完成"按钮。将完成信号回报给计算机，进入下一次作业。

任务准备 4：电子标签辅助拣货系统的种类有哪些？

电子标签辅助拣货系统主要用于拣货，因此，依拣货方式的不同可分为摘取式（Pick-to-light）与播种式（Put-to-light）两种。

摘取式电子标签辅助拣货系统是指将电子标签安装在储位货品的储位上，一组电子标签对应一个储位或储位的一个品类，信号灯引导拣货人员快速、简单地找到正确的储位，显示屏清晰、正确地显示出所拣的确切数目，拣货人员按照指示拣取相应的货品，拣取完成后按确认键确认。

播种式电子标签辅助拣货系统是指货架上安装的电子标签所对应的是客户，当订单的商品被批次拣取搬运到电子标签辅助系统播种区后，用扫描仪读入商品信息，经过电子标签辅助拣货系统服务器处理后，相应的电子标签会显示该客户所需数量，拣货人员将对应数量的商品分配到对应的标签位置的货架上，然后按确认键，熄灭标签，如此继续，直到该种货品播种完毕，再开始下一种货品的播种。

请扫一扫如图 1-21 所示的二维码，了解常用的"货到人"拣选设备。

图 1-21　常用的"货到人"拣选设备

步骤 1：领取手推车

从"停车区"领取手推车（见图 1-22）。

步骤 2：领取物流箱

将物流箱（见图 1-23）放到手推车上。

图 1-22　手推车

图 1-23　物流箱

步骤 3：到指定的 DPS 拣货区

到指定的 DPS 拣货区准备拣货，如图 1-24 所示。

步骤 4：在电子标签辅助拣货货架"看、拣、按"

在电子标签辅助拣货货架前察看数量，如图 1-25 所示。

图 1-24　到指定的 DPS 拣货区准备拣货

图 1-25　在电子标签辅助拣货货架前察看数量

在电子标签辅助拣货货架拣货品，如图 1-26 所示。

按灭电子标签辅助拣货货架灯，如图 1-27 所示。

图 1-26　在电子标签辅助拣货货架拣货品

图 1-27　按灭电子标签辅助拣货货架灯

步骤 5：打包

将拣完的货品装入纸箱中，利用打包机打包，如图 1-28 所示。

步骤 6：设备归位

将手推车设备归位，如图 1-29 所示。

图 1-28　利用打包机打包

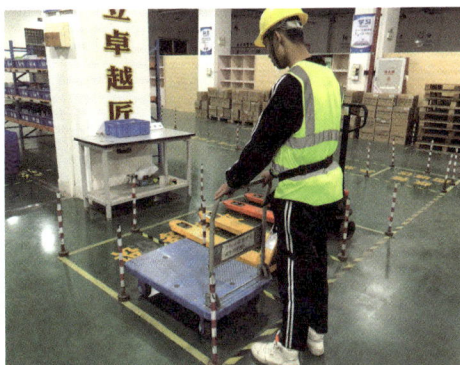

图 1-29　将手推车设备归位

在完成上述任务后，教师组织进行三方评价，并对学生任务执行情况进行点评。学生完成如表1-5所示"DPS拣货设备应用"任务评价表的填写。

表1-5　"DPS拣货设备应用"任务评价表

任　务			评　价　得　分			
任务组		成员				
评价任务		分值/分	自我评价（占20%）	他组评价（占30%）	教师评价（占50%）	合计（占100%）
评价标准	领取设备	10				
	拿取周转箱	20				
	转运货物	20				
	电子标签辅助拣货	20				
	打包	10				
	设备归位	20				
合　计		100				

任务三　半自动打包机应用

任务展示

1. 请扫一扫如图1-30所示的二维码，预习本任务的学习资料。
2. 利用半自动打包机进行打包。

图1-30　本任务学习资料

任务准备

图1-31　打包机

任务准备1：什么是打包机？

打包机（见图1-31）又称捆包机、打带机或捆扎机，是使用捆扎带捆扎产品或包装件，然后收紧并将两端通过发热烫头热融黏结方式结合。

任务准备2：打包机的功能有哪些？

打包机的功能是加固包装物品，使物品在搬运过程中、储存中不因捆扎不牢而散落，同时捆扎整齐美观。

任务准备3：打包机的结构是什么？

打包机主要由送带、退带、接头连接切断装置、传动系统、轨道机架及控制装置组成。

任务准备4：打包机的种类有哪些？

打包机的种类如表1-6所示。

表1-6　打包机的种类

分类方式	种类
按用途分类	废纸打包机
	金属打包机
	秸秆打包机
	棉花打包机
	塑料打包机
按性能分类	手动打包机
	半自动打包机
	全自动打包机
	全自动无人化打包机

1. 按用途分为废纸打包机、金属打包机、秸秆打包机、棉花打包机、塑料打包机等。

2. 按性能分为手动打包机、半自动打包机、全自动打包机、全自动无人化打包机等。

（1）手动打包机：需要人工操作来完成整个过程，正常情况下有电动热熔、铁扣夹紧的方式。

（2）半自动打包机：需要手动插入打包带后，机器才会自动完成聚带、黏合、切断、出带的打包过程。由于每个产品都需手动操作，所以效率相对较低。

（3）全自动打包机：无须人工插带，触发方式有点动、手动、连打、球开关、脚踏开关，只需按动开关就可以自动完成打包，方便快捷。

（4）全自动无人化打包机：无须人工插带，只需设定即可。自动完成聚带、黏合、切断、出带整个过程。

扫一扫

请扫一扫如图 1-32 所示的二维码，了解半自动打包机常见故障及排除办法。

图 1-32　半自动打包机常见故障及排除办法

任务执行

步骤 1：放好货物

将需要打包的货品放到打包机上，如图 1-33 所示。

步骤 2：按下电源

按下打包机电源，如图 1-34 所示。

图 1-33　将需要打包的货品放到打包机上

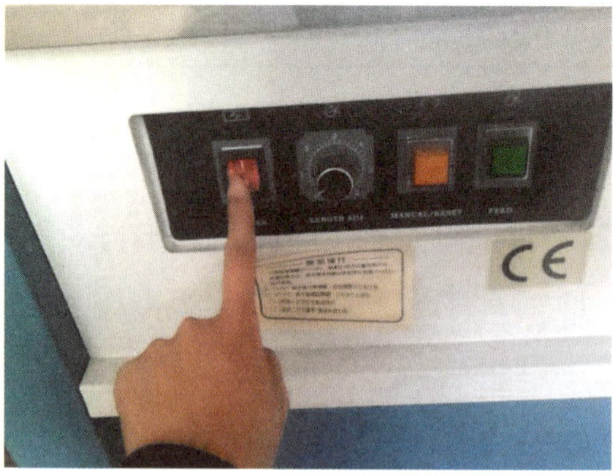

图 1-34　按下打包机电源

步骤 3：手工穿带

将打包带横跨纸箱插入打包机中，如图 1-35 所示。

步骤 4：机器自动完成整套捆扎动作

机器自动完成整套捆扎动作，如图 1-36 所示。

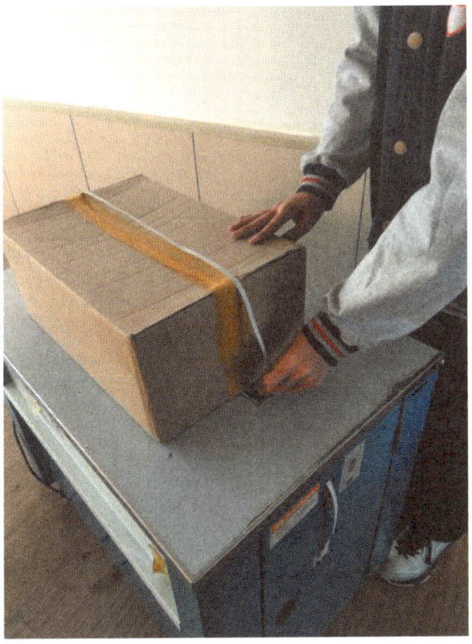

图 1-35 将打包带横跨纸箱插入打包机中

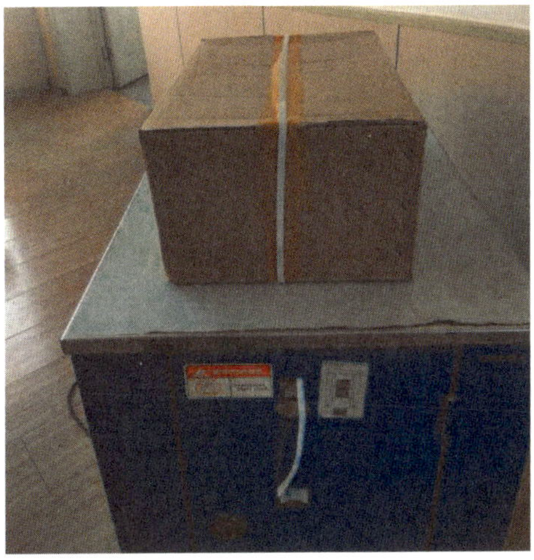

图 1-36 机器自动完成整套捆扎动作

任务评价

在完成上述任务后，教师组织进行三方评价，并对学生任务执行情况进行点评。学生完成如表 1-7 所示"半自动打包机应用"任务评价表的填写。

表 1-7 "半自动打包机应用"任务评价表

任　　务		评 价 得 分			
任务组		成员			
评价任务	分值/分	自我评价（占 20%）	他组评价（占 30%）	教师评价（占 50%）	合计（占 100%）
评价标准　放好货物	20				
按下电源	20				
手工穿带	20				
机器自动完成整套捆扎动作	20				
日常维护保养	20				
合　　计	100				

思政课堂

请扫一扫如图 1-37 所示的二维码，进行项目一思政课堂的学习。

图 1-37 项目一思政课堂

| 项目二 |

集装单元器具应用

在本项目中，我们将集装单元器具应用分成4个任务，分别是集装单元器具辨识、托盘应用、物流箱应用和集装箱应用。

项目目标

知识目标	1. 了解集装单元器具的定义及选用原则。 2. 了解托盘的特点、规格尺寸、使用注意事项。 3. 了解货物的堆码原则。 4. 掌握重叠式、纵横交错式、正反交错式、旋转交错式等四种托盘堆码方式。 5. 了解物流箱的特点。 6. 了解分拣货物的步骤。 7. 了解集装箱的功能、结构和标记。
技能目标	1. 能够辨识常见的集装单元器具。 2. 能够绘制托盘堆码俯视图，并规范进行托盘堆码操作。 3. 能够应用物流箱完成出库拣选作业。 4. 能够制定集装箱装箱方案，并进行装箱作业。
素质目标	1. 培养学生严谨的工作态度和良好的团队合作精神。 2. 培养学生规范操作、安全操作的意识。 3. 培养工匠精神、劳动精神、劳模精神。

任务一　集装单元器具辨识

任务展示

1. 请扫一扫如图 2-1 所示的二维码，预习本任务的学习资料。

2. 现有由空置的单层厂房改造而成的单层仓库，整体高度为 9 m，库内净高 7.5 m，仓库总建筑面积 8 000 m²。仓库面积有限，应充分利用库房高度。因为本仓库租赁给某知名饮料公司，作为该公司的零售配送仓库。因此，仓库存储货物为该公司的各种饮料，以箱为单位，饮料的种类、规格较多（至少有二三十种）；饮料的单件重量较轻，但整箱或集装后整垛的重量较重，人工搬运很难实现。请根据实际情况，为改建外租的仓库选择合适的集装器具，要求所选择器具能满足该仓库对所存储货物的集装、装卸搬运、储存保管、拣选等作业的要求，并要考虑与仓库内其他设施设备的通用问题。

图 2-1　本任务学习资料

任务准备

👍 任务准备 1：如何辨识集装单元器具？

集装化是用集装单元器具或采用捆扎的方法，把物品组成集装单元的物流作业方式。利用集装单元器具将一定数量的包装件或者产品组成一个更大的具有一定规格和强度的单元货件，这些单元货件称为集装单元。

通常使用的集装单元器具主要有集装箱、捆扎类、托盘类、台车类和其他容器，如图 2-2 所示。

👍 任务准备 2：如何辨识常用的托盘？

托盘是在集装、堆放、搬运和运输作业中，用于放置货物和制品的水平平台装置。

图 2-2　集装单元器具分类

托盘是物流领域中随着装卸机械化而发展起来的一种常用的集装单元器具。

常见托盘的分类如图 2-3 所示。

（1）平式托盘：是托盘中使用量最大的一种，也称通用型托盘。平式托盘的结构形式是有面板而没有上部结构，一般由木材、钢材、纤维板等制作而成。

平式托盘按台面不同分为单面使用型、双面使用型。按制造材料不同分为木制平托盘（见图 2-4）、钢制平托盘、塑料制平托盘、高密度合成板托盘。

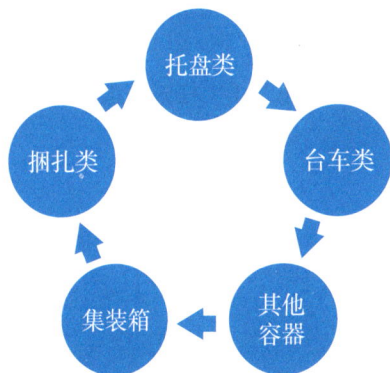

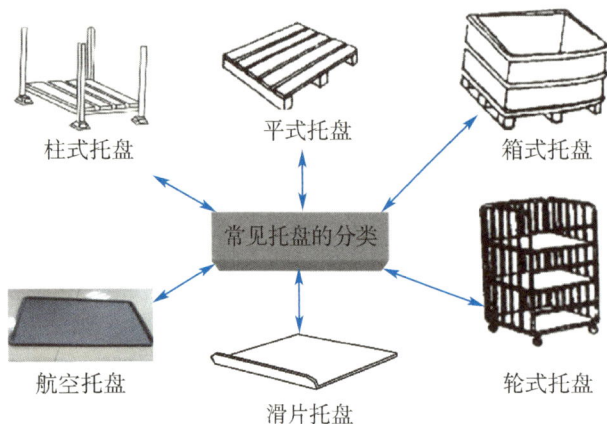

图 2-3　常见托盘的分类

图 2-4　木制平托盘

（2）柱式托盘：在托盘的四个角有固定的或可卸式的柱子，有的柱子与柱子之间有连接的横梁，可使柱子形成门框架（见图2-5）。柱式托盘具体有以下两方面作用。

图 2-5　柱式托盘

① 防止托盘上所放置的物品在运输、装卸等过程中发生塌垛损坏；

② 利用柱子支撑承重，可以将托盘堆高叠放，而不会压坏下部托盘上的货物。

（3）箱式托盘：是指在托盘上面带有箱式容器的托盘，即在托盘四个边上有板式、栅式、网式等各种平面，从而组成一个箱体，有些箱体还有顶板，如图2-6所示。箱式托盘具体有以下两个特点。

① 防护能力强，可有效防止塌垛，防止货损；

② 装运范围较大，不仅能装运可码垛的形状整齐的包装货物，还可装运各种形状不整齐且不能稳定堆码的物品。

（4）轮式托盘：是在柱式、箱式托盘下部装有小型轮子的一种托盘，如图2-7所示。轮式托盘有很强的搬运性，大多用于一般杂货的运送，可利用轮子做短距离移动，在生产企业物流系统中，可兼作作业车辆。

图 2-6　箱式托盘

图 2-7　轮式托盘

（5）滑片托盘：是一种新型托盘，由瓦楞纸、板纸或塑料简单折曲而成的板状托盘，也称薄板托盘，其形状不同于普通托盘。虽然它在片状平面下方无插口，但在操作方向上有凸起的折翼，以便于配套的叉车进行操作，如图2-8所示。为了与滑片托盘匹配使用，需要带有钳口推拉器的叉车。取货时先用推拉器的钳口夹住滑片托盘的壁板，将叉向前伸，同时将滑片托盘上的货物拉到叉车上。

（6）航空托盘：航空货运或行李托运用到的托盘。一般采用铝合金制造，受各种飞机货舱及舱门的限制，一般制成平托盘，托盘上所载物品以网格覆罩固定，如图2-9所示。

图2-8　滑片托盘

图2-9　航空托盘

👆 任务准备3：如何辨识物流箱？

物流箱也称周转箱，是指在使用过程中或使用后可回收并重复使用，且在空箱或装好货物状态下可堆码放置的集装单元器具。物流箱广泛应用于机械、汽车、家电、轻工、电子等行业，能耐酸、耐碱、耐油污，无毒、无味，清洁方便，周转便捷，堆放整齐，便于管理。

物流箱按用途分类可以分为以下五类，如图2-10所示。

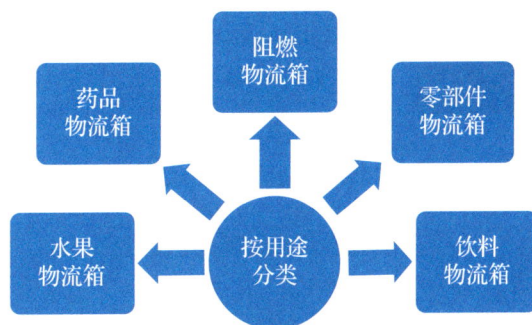

图2-10　物流箱的分类

如图2-11所示，根据外形不同可分为可堆式物流箱、斜插式物流箱和折叠式物流箱等。可堆式物流箱，无论是配有箱盖或没有箱盖都不会影响上下两个箱体或多个箱体的灵活堆叠。斜插式物流箱，在两个或多个箱体货物满箱堆放时，必须使用配套箱盖才可实现堆叠；当空箱时，打开箱盖就可实现多个空箱堆叠，可减少空箱时的仓储体积和物流周转时的来回费用。折叠式物流箱，根据折叠方式的不同，有对折式和内倒式两种折叠方法，具有重量轻、占地少、组合方便等优点。

可堆式物流箱　　　　　斜插式物流箱　　　　　折叠式物流箱

图 2-11　可堆式物流箱、斜插式物流箱和折叠式物流箱

任务准备 4：认识集装箱

集装箱是指具有一定强度、刚度和规格专供周转使用的大型装货容器。

集装箱是一种运输设备，具有足够的强度，可长期反复使用；为便于商品运送而专门设计的，在一种或多种运输方式运输时，无须中途换装；具有快速装卸和搬运的装置，特别是从一种运输方式转移到另一种运输方式时；设计时应注意到便于货物装满或卸空；内容积为 $1 \mathrm{~m}^3$ 或 $1 \mathrm{~m}^3$ 以上。集装箱可以按用途进行如下分类，如图 2-12 所示。

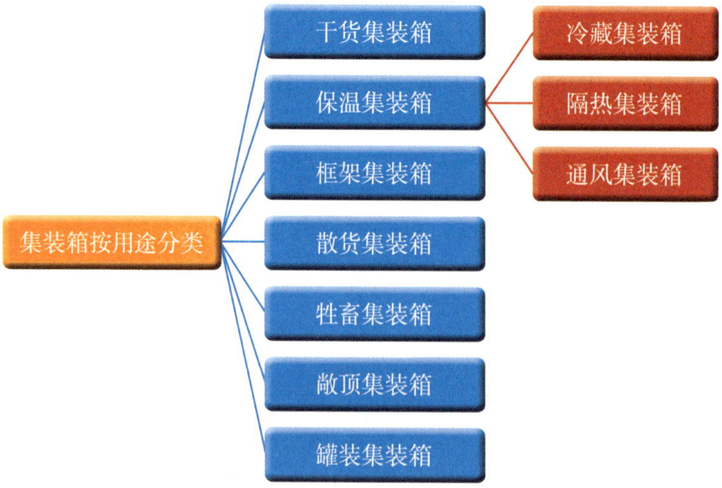

图 2-12　集装箱按用途分类

1. 干货集装箱

干货集装箱（见图 2-13）又称普通集装箱，用来运输无须控制温度的件杂货，通常为

封闭式，在一端或侧面设有箱门。这种集装箱通常用来装运
文化用品、化工用品、电子机械、工艺品、医药、日用品、
纺织品及仪器零件等。它是最常用的集装箱，除了冷冻货及
活的动物、植物外，在尺寸、重量等方面适合集装箱运输的
货物，均可使用干货集装箱。

图 2-13　干货集装箱

2. 保温集装箱

保温集装箱是指一种所有箱壁都用导热率低的材料隔热，用来运输需要冷藏和保温货物的集装箱。

（1）冷藏集装箱。冷藏集装箱（见图 2-14）以运输冷冻食品为主，能保持所定温度的保温集装箱。目前国际上采用的冷藏集装箱基本上分为两种：一种是集装箱内带有冷冻机的，称机械式冷藏集装箱；另一种是集装箱内没有冷冻机而只有隔热结构的，即在集装箱端壁上设有进气孔和出气孔，箱子装在舱中，由船舶的冷冻装置供应冷气，这种叫作离合式冷藏集装箱（又称外置式或夹箍式冷藏集装箱）。

（2）隔热集装箱。隔热集装箱（见图 2-15）主要装运水果、蔬菜等货物，是为防止温度上升过高，保持货物鲜度而具有充分隔热结构的集装箱。

图 2-14　冷藏集装箱

图 2-15　隔热集装箱

（3）通风集装箱。通风集装箱（见图 2-16）是为装运不需要冷冻但需要通风的货物，在顶端壁和侧壁上设有通风孔的集装箱，若将通风口关闭，同样可以作为干货集装箱使用。

3. 框架集装箱

框架集装箱（见图 2-17）是一种没有箱顶和侧壁，甚至连端壁也没有而只有底板和四个角柱的集装箱。这种集装箱可以从前后、左右及上方进行装卸作业，适合装载超重或超大的货物，如重型机械、钢材、木材等。台架式的集装箱没有水密性，怕水淋湿的货物不能装运或需用布遮盖装运。

4. 散货集装箱

散货集装箱（见图 2-18）是一种密闭式集装箱，集装箱顶部一般设有装货口，装货口应使用防水性良好的盖，以防止内装货物受潮。此类集装箱一般用于装载粮食。

图 2-16　通风集装箱

图 2-17　框架集装箱

5. 牲畜集装箱

牲畜集装箱（见图 2-19）是一种装运鸡、鸭、鹅等活家禽和牛、马、羊、猪等活家畜用的集装箱。为了遮蔽太阳光，箱顶用胶合板盖上，侧面和端面都有用铝丝网制成的窗，以加强通风。侧壁下方设有清扫口和排水口，并配有上下移动的拉门，可把垃圾清扫出去，还装有喂食口。牲畜集装箱在船上一般装在甲板上，因为甲板上空气流通，且便于清扫和照顾。

图 2-18　散货集装箱

图 2-19　牲畜集装箱

6. 敞顶集装箱

敞顶集装箱（见图 2-20）是一种没有刚性箱顶的集装箱，但有可折叠式或可折式顶梁支撑的帆布、塑料布或涂塑布制成的顶篷，其他构件与干货集装箱类似。这种集装箱适用于装载大型货物和重货，如钢铁、木材，特别是像玻璃板等易碎的重货，利用吊车从顶部吊入箱内不易损坏，也便于在箱内固定。

7. 罐装集装箱

罐装集装箱（见图 2-21）是专用于装运酒类、油类（如动植物油）、液体食品及化学品等液体货物的集装箱。它还可以装运其他危险的液体货物。这种集装箱有单罐和多罐，罐体由支柱、撑杆构成整体框架。

图2-20　敞顶集装箱

图2-21　罐装集装箱

👍 **任务准备5：如何辨识集装袋？**

集装袋（见图2-22）又称柔性集装袋、吨装袋、太空袋等，是一种柔性货物运输集装器具，配以叉车或起重机及其他运输器具，就可以实现集装运输。集装袋适用于装运大宗散装粉粒状物料，广泛用于食品、医药、化工、矿产品等粉状、颗粒、块状物品的运输包装。

图2-22　集装袋

👍 **任务准备6：集装单元器具的选用原则有哪些？**

集装单元化的目的：为了充分发挥货物集装单元化的优越性，以降低物流成本，提高经济效益。

在实现集装单元化时，必须遵循以下三个基本原则。

（1）通用化：通用化原则，就是要保证物流集装单元器具在物流全过程的各个作业环节、各种作业场合、各种运输工具、各个企业直至各个国家之间都能实现通用。

（2）标准化：是指从集装单元化术语的使用，集装工具的尺寸、规格、强度、外形和重量，集装工具材质、性能、实验方法、装卸搬运加固规则一直到编号、标志、操作规范和管理办法等，都必须标准化，以便进行国内和国际的流通与交换。

（3）系统化：由于集装单元化技术的内容包括了集装工具在内的成套物流设施、装备、工艺和管理，是一个联系生产与生产、生产与消费的动态系统，因此，集装单元化过程中应采用系统的思维来考虑整个动态的物流系统。

扫一扫

请扫一扫如图2-23所示的二维码，了解集装单元化技术。

图2-23 集装单元化技术

任务执行

步骤1：情况分析

（1）仓储设施情况：根据任务所做的介绍，从托盘货架、悬臂式货架、重力式货架、旋转式货架、移动式货架、高层货架等货架中，确定合适的仓储设施。

（2）装卸搬运设备情况：因为饮料的单件重量较轻，但整箱或集装完毕后整垛的重量较重，人工搬运很难实现，因此，仓库内需要使用装卸搬运设备，如内燃动力叉车、手动液压托盘车、堆高车等。

（3）运输设备情况：饮料为快速消费品，需求量较大，特别是在夏天需求量大增，因此，需采用大型运输工具将大量货物运达本仓库；而本仓库又是零售配送型仓库，需要负责本地区几十家终端零售商店各类饮料的配送工作，因此，需要多辆小型车辆对不同区域的饮料进行配送。

步骤2：确定集装单元器具

根据上述分析，可以明确在货物运达、储存阶段，需要集装单元器具具有足够的承重量，能组成大规模的集装单元，而且便于快递装卸搬运作业；在货物分拣、配送阶段，需要集装单元器具能满足快递运输再集装、快速回转的要求。综合上述要求，应选择合适的集装单元器具，如木制平托盘、饮料物流箱等。

任务评价

在完成上述任务后，教师组织进行三方评价，并对学生任务执行情况进行点评。学生完成如表2-1所示"集装单元器具辨识"任务评价表的填写。

表 2-1　"集装单元器具辨识"任务评价表

任　　务		评 价 得 分				
任务组		成员				
	评价任务	分值 / 分	自我评价（占 20%）	他组评价（占 30%）	教师评价（占 50%）	合计（占 100%）
评价标准	仓储设施情况分析	20				
	装卸搬运设备情况分析	20				
	运输设备情况分析	20				
	确定集装单元器具	40				
合　　计		100				

任务二　托盘应用

任务展示

1. 请扫一扫如图 2-24 所示的二维码，预习本任务的学习资料。

2. 2018 年 9 月 10 日，天津新华物流中心收到一批来自家乐福的货物，这批货物主要是食品。现在这批货物已经验收完毕，堆放在收货理货区。仓管员王鹏需要完成对这批货物的托盘堆码作业。这批货物的相关信息如表 2-2 所示。此外，在托盘堆码作业时，仓管员王鹏所使用的托盘为标准托盘，其规格为 1 200 mm×1 000 mm，厚度为 150 mm。

图 2-24　本任务学习资料

表 2-2　货物信息表

序　　号	商 品 名 称	包装规格 / mm	入 库 数 量	层高标 / 层
1	趣多多曲奇饼干	350×285×200	45 箱	3
2	拉菲传奇波尔多红葡萄酒	420×330×180	20 箱	3
3	卡布奇诺咖啡	430×230×185	45 箱	4
4	费列罗进口巧克力	595×400×220	15 箱	3
5	洽洽香瓜子	395×250×190	50 箱	3

具体任务如下：

（1）托盘码放时，说明货物使用的堆码方式；

（2）画出托盘码放的奇数层俯视图和偶数层俯视图；

（3）在图上标出托盘的长、宽尺寸（以 mm 为单位）；

（4）用文字说明堆码后的层数和此类商品所需托盘的个数；

（5）将托盘上的货物以浅灰色填涂。

任务准备

任务准备1：托盘有哪些特点？

托盘有 5 个特点，如图 2-25 所示。

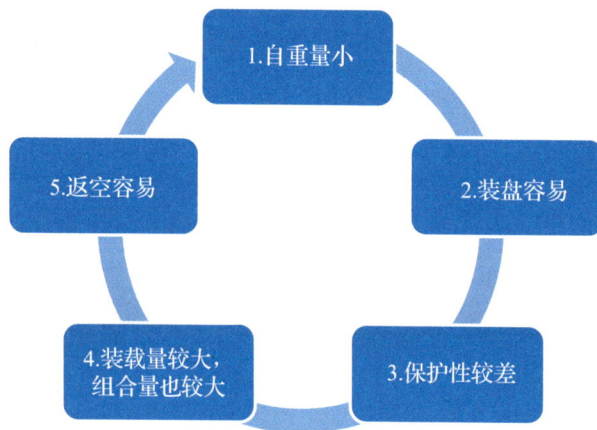

图 2-25　托盘的特点

任务准备2：托盘有哪些规格尺寸？

托盘规格尺寸如表 2-3 所示。

表 2-3　托盘规格尺寸

托盘系列名称	托盘规格尺寸 / mm	托盘应用的国家
1 200 系列	1 200×800	国际标准，在欧洲的大部分国家应用，如英国、德国、荷兰
	1 200×1 000	
1 100 系列	1 100×1 100	国际标准，在亚洲的国家应用，如日本、韩国、新加坡
1 000 系列	1 000×1 000	应用于加拿大、墨西哥
其他系列	1 219×1 016	应用于美国
	1 165×1 165	应用于澳大利亚

任务准备3：使用托盘有哪些注意事项？

使用托盘时应注意：

（1）使用叉车进行操作时，应避免直接推拉或者撞击托盘；

（2）使用叉车叉取货物时，应保证叉车工作臂完全进入托盘内，提升货物时叉车工作臂应一直保持水平；

（3）货物在托盘上的摆放应该均匀平整，使托盘表面受力均匀；

（4）要避免一些非操作性的损坏，做好日常管理，如对不使用的托盘进行遮盖，禁止非工作人员对托盘进行操作。

👍 任务准备 4：货物的堆码原则有哪些？

物品堆码是指根据物品的包装、外形、特点、种类和数量，以及储存时间的长短，将物品按一定的规律码成各种形状的货垛。堆码的主要目的是便于对物品进行维护、查点等管理和提高仓库利用率。因此，货物在堆码过程中应坚持合理、牢固、整齐、定量、节约、方便的原则，如图 2-26 所示。

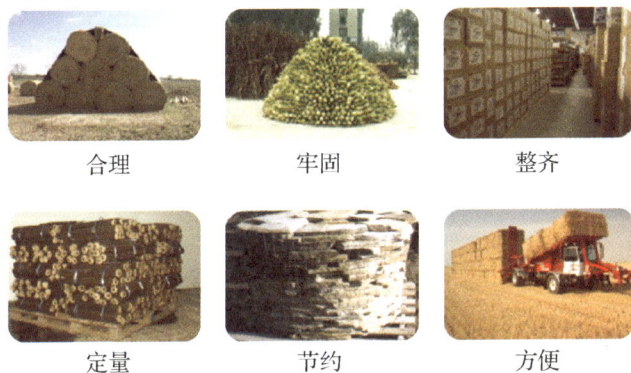

合理　　　　　　牢固　　　　　　整齐

定量　　　　　　节约　　　　　　方便

图 2-26　货物的堆码原则

1. 合理原则

不同商品其性能、规格、尺寸不同，应采用各种不同的垛形。不同品种、产地、等级的商品，应分开堆码，以便收发、保管。货垛的高度要适度，不能压坏底层商品和地坪，并与屋顶、照明灯保持一定距离为宜；货垛的间距，走道的宽度，货垛与墙面、梁柱的距离等都要合理、适度。垛距一般为 0.5～0.8 m，主要通道为 2.5～4 m。堆码的货物应遵循大不压小、重不压轻、缓不压急的原则。

2. 牢固原则

操作工人必须严格遵守安全操作规程，防止建筑物超过安全负荷量。货垛必须不偏不斜，不歪不倒，牢固坚实，与屋顶、梁柱、墙壁保持一定距离，确保货垛的安全和牢固。

3. 整齐原则

货垛应按一定的规格、尺寸叠放，排列整齐、规范。商品包装标识应一律向外，便于查找。

4. 定量原则

商品储存量不应超过仓储定额，即应在仓库的有效面积、地坪承压能力和可用高度允许的范围内储存。同时，应尽量采用"五五化"堆码方法，便于计数和盘点。

5. 节约原则

堆垛时应注意节省空间位置，适当、合理地安排货位，提高仓容利用率。

6. 方便原则

货物的堆码应方便装卸搬运作业，方便维护保养，方便货物检查、盘点及防火安全等。

任务准备5：托盘堆码方式有哪些？

1. 重叠式

图2-27　重叠式

托盘上货物各层以相同的方式码放，上下完全相对，各层之间不会出现交错的现象，如图2-27所示，主要适用于钢板、木板、箱类、桶类等物品。

优点：作业方式简单，作业速度快，包装物的四个角和底边垂直并重叠，承载能力大，能承受较大的荷重。同时在货物底面积较大的情况下，可保证有足够的稳定性。

缺点：各层面之间只是简单地排放，缺少咬合，在货物底面积不大的情况下，稳定性不够，容易发生塌垛。

2. 纵横交错式

图2-28　纵横交错式

相邻的两层货物之间的摆放旋转90°，一层横向放置，另一层纵向放置，层间纵横交错堆码，如图2-28所示，适用于长条形的物资，如钢条、木条和箱类物资。

优点：层间有一定的咬合效果，但咬合强度不大。

缺点：纵横交错式必须配以托盘转向器，装完一层后，利用转向器旋转90°，这样只要用同一种装盘方式就可以实现纵横交错装盘。手动装盘劳动强度较大。

3. 正反交错式

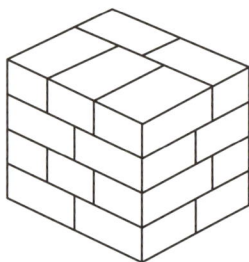

图2-29　正反交错式

正反交错式，是指同一层中，不同列的货物都以90°垂直码放，相邻两层货物码放形式是另一层旋转180°的形式，如图2-29所示。

优点：不同层间咬合强度较大，相邻层之间不重缝，因而，码放后稳定性很高。

缺点：操作较为麻烦，而且包装体之间不是垂直面互相承受荷载，所以下部货物容易被压坏。

4. 旋转交错式

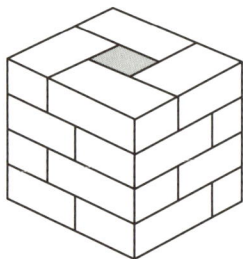

图2-30　旋转交错式

第一层相邻的两个包装体互成90°，两层间的码放又相差180°，这样相邻两层之间互相咬合交叉，如图2-30所示。

优点：托盘货体稳定性较高，不容易塌垛。

缺点：码放的难度比较大，而且中间形成中空，会降低托盘装载能力。

请扫一扫如图 2-31 所示的二维码，了解托盘货物的紧固方式。

图 2-31　托盘货物的紧固方式

任务执行

步骤 1：分析任务

（1）货物中趣多多曲奇饼干、拉菲传奇波尔多红葡萄酒、卡布奇诺咖啡可采用正反交错式堆码方式，费列罗进口巧克力适宜采用纵横交错式堆码方式，洽洽香瓜子适宜采用重叠式堆码方式。

（2）分析每种货物的层高标识，即每托盘货物堆码的最高层数。层高与堆码方式共同决定每托盘货物的数量。

（3）不同种类货物不得堆码在同一托盘上，这批货物共有 5 类，所以在堆码时至少要使用 5 个托盘。

步骤 2：操作准备

在进行堆码操作前，主要任务就是确定各种货物的堆码方式，具体包括：

（1）了解托盘堆码的主要方式。

（2）画出每种货物奇、偶数层的堆码俯视图。

① 趣多多曲奇饼干：350 mm×285 mm×200 mm；采用正反交错式堆码方式，如图 2-32 所示。

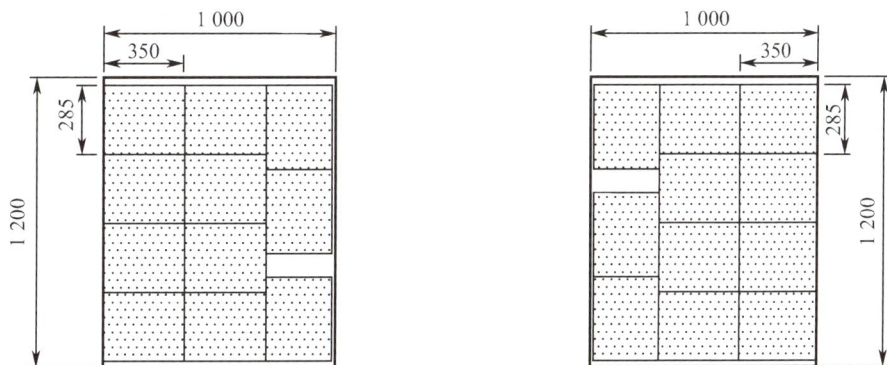

图 2-32　趣多多曲奇饼干堆码俯视图

② 拉菲传奇波尔多红葡萄酒：420 mm×330 mm×180 mm；采用正反交错式堆码方式，如图 2-33 所示。

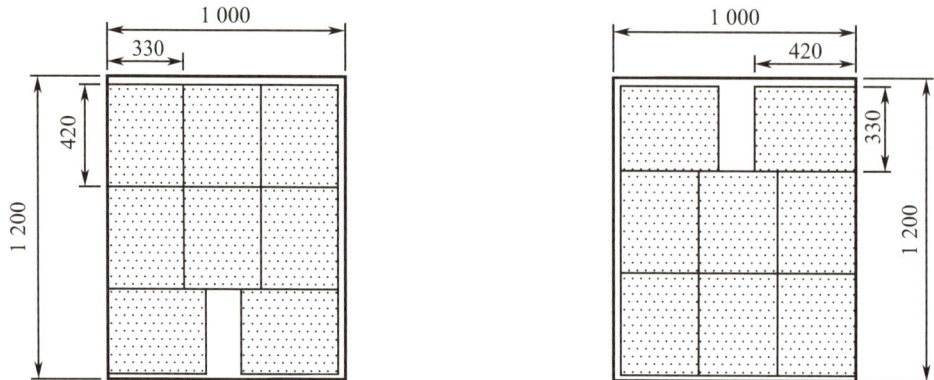

图 2-33　拉菲传奇波尔多红葡萄酒堆码俯视图

③ 卡布奇诺咖啡：430 mm×230 mm×185 mm；采用正反交错式堆码方式，如图 2-34 所示。

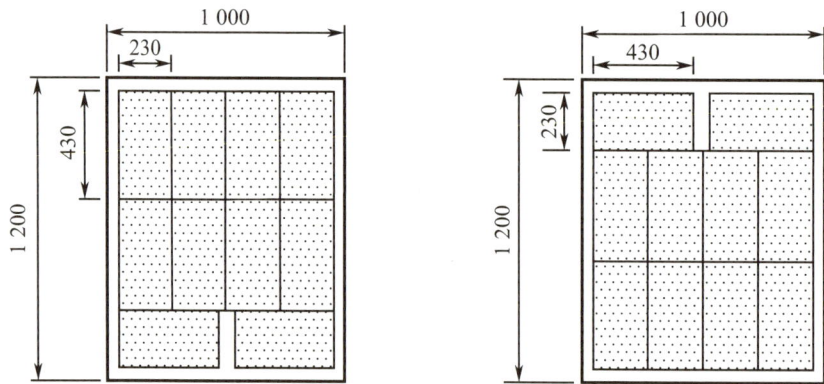

图 2-34　卡布奇诺咖啡堆码俯视图

④ 费列罗进口巧克力：595 mm×400 mm×220 mm；采用纵横交错式堆码方式，如图 2-35 所示。

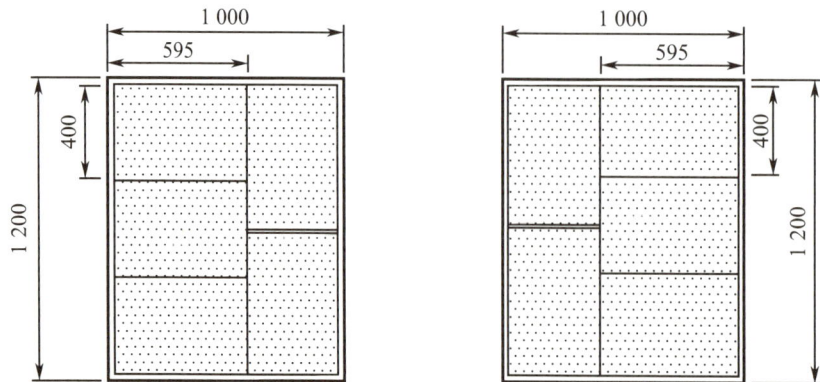

图 2-35　费列罗进口巧克力堆码俯视图

⑤洽洽香瓜子：395 mm×250 mm×190 mm；采用重叠式堆码方式，如图 2-36 所示。

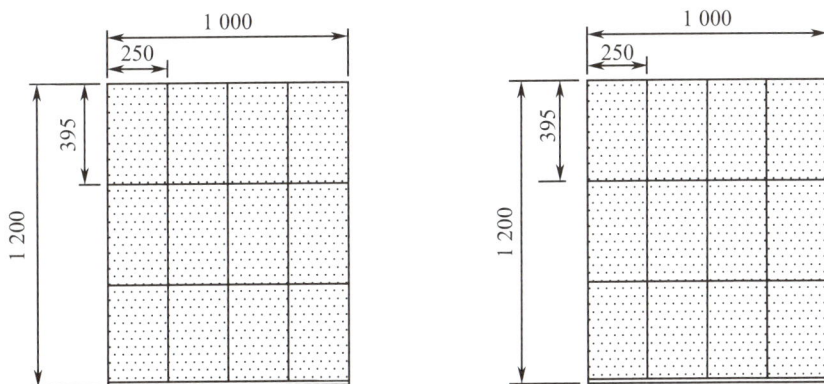

图 2-36　洽洽香瓜子堆码俯视图

（3）统计每种货物的每托盘堆码数量及托盘使用数量。

经过统计，每种货物的每托盘堆码数量及托盘使用数量如表 2-4 所示。

表 2-4　每种货物的每托盘堆码数量及托盘使用数量

序　号	商品名称	入库数量	层高标/层	包装规格/mm	堆码方式	每层堆码数/箱	每托盘最大堆码数量/箱	托盘使用数/个
1	趣多多曲奇饼干	45 箱	3	350×285×200	正反交错式	11	33	2
2	拉菲传奇波尔多红葡萄酒	20 箱	3	420×330×180	正反交错式	8	20	1
3	卡布奇诺咖啡	45 箱	4	430×230×185	正反交错式	10	40	2
4	费列罗进口巧克力	15 箱	3	595×400×220	纵横交错式	5	15	1
5	洽洽香瓜子	50 箱	3	395×250×190	重叠式	12	36	2

任务评价

在完成上述任务后，教师组织进行三方评价，并对学生任务执行情况进行点评。学生完成如表 2-5 所示"托盘应用"任务评价表的填写。

表 2-5 "托盘应用"任务评价表

任务			评价得分			
任务组		成员				
评价任务		分值 / 分	自我评价（占 20%）	他组评价（占 30%）	教师评价（占 50%）	合计（占 100%）
评价标准	分析任务要求	20				
	画出堆码俯视图	30				
	说明堆码的情况	20				
	标注托盘尺寸	10				
	托盘堆码操作	20				
合计		100				

任务三 物流箱应用

任务展示

1. 请扫一扫如图 2-37 所示的二维码，预习本任务的学习资料。

2. 2023 年 10 月 9 日，天津港物流发展有限公司因生产需要向天津水运物流服务有限公司电话订购一批小五金零件，并约定 2023 年 10 月 10 日 11：20 与天津港物流发展有限公司提货人完成货物交接。天津水运物流服务有限公司库管员接到客服出库通知后，根据客户的要求生成作业计划。10 月 9 日 17：00，拣货员负责核对出库单（见表 2-6）与出库通知单（见表 2-7）的货物名称、规格、数量等信息内容，核对无误后，制作拣货单。拣货员根据拣货单，使用物流箱和拣货系统，完成货物出库拣选作业。拣货完成后，将拣货单填写完整。分拣员把拣取的货物搬运到货物出库区，理货员在出库区对货物进行检验和理货工作，并按照客户所需货物分别堆放。复核人员对货物进行复核，等待与提货人员点交。

图 2-37 本任务学习资料

表 2-6   出库单

作业计划单号：CKD20231009062

库　　房	CK01			√正常商品 　　退 　换 　货			
客户名称	天津港物流发展有限公司			发货通知单号	CKTZD181009010	出库时间	2023 年 10 月 9 日
收货单位名称	天津港物流发展有限公司			应发总数	55 个	实发数量	
产品名称	产品编号	规格	单位	应发数量	实发数量	储位号码	批号	备注
弯头	WT1502	15 mm	个	20		01060203	无	无
三通	ST1502	15 mm	个	10		01060201	无	无
丝堵	SD1502	20 mm	个	10		01060204	无	无
管古	GG1502	15 mm	个	8		01060205	无	无
补芯	BX2502	25 mm×20 mm	个	7		01040204	无	无
仓管员		复核人员		提货人员		制单人	张红霞

表 2-7   出库通知单

仓库名称：天津水运物流服务有限公司仓库 1 号库

编号：CKTZD231009010

客户名称	采购订单号	订单来源	出库方式	材料代码	材料名称	规格型号	计量单位	数　量	单价/元
天津港物流发展有限公司	2023100 90024	电话	提货	WT1502	弯头	15 mm	个	20	1.22
				ST1502	三通	15 mm	个	10	2.06
				SD1502	丝堵	20 mm	个	10	0.59
				GG1502	管古	15 mm	个	8	1.13
				BX2502	补芯	25 mm×20 mm	个	7	1.41

任务准备

任务准备 1：物流箱有哪些特点？

物流箱（见图 2-38）的特点：具备抗老化、承载强度大、轻巧、耐用、可堆叠等优点，既可用于周转，又可用于成品出货包装，还可根据用户需求定做各种规格、尺寸的物流箱。它可替代木箱、纸箱等运输包装容器，广泛应用于食品、饮料行业，在日用品的运输包装中也有较多的应用。

图 2-38   物流箱

👍 **任务准备2：分拣货物有哪几个步骤？**

分拣货物的步骤如图2-39所示。

图 2-39　分拣货物的步骤

1.生成拣货资料

仓储部信息员根据客服部订单处理部门发来的出库通知单，确定拣货策略，打印拣货单，交给拣货小组。

2.选取拣货策略

（1）按单拣选货物（见图2-40）：作业方法简单，通常采用人工作业，拣货员使用拣货工具，巡回于各个储存点，按订单要求完成拣货作业，又称"摘果式拣选"。其作业前置时，作业较灵活。

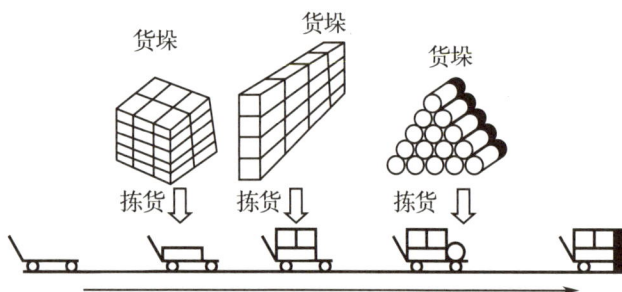

图 2-40　按单拣选货物

（2）批量拣选货物（见图2-41）：将多张订单集中成一个批次，按货物品种类别加总后再集中进行拣货。在集中拣货的时候，又可以视情况进行订单分割和集中，采取不同的拣货方式，又称"播种式拣选"。

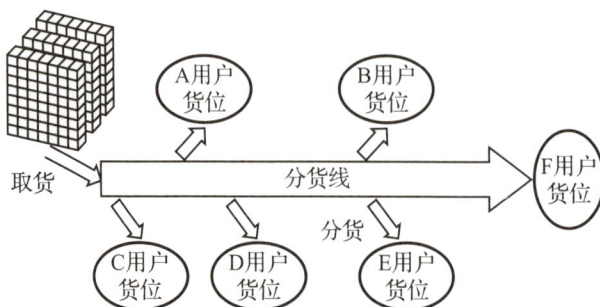

图 2-41　批量拣选货物

（3）复合拣选：当订单较多，且部分订单适用按单拣选货物、部分订单适用批量拣选货物时，将两种拣货策略组合起来可提高拣货效率。

3. 行走或搬运

根据拣货单所列的货物编码、储位信息，拣货员明确货物的位置和拣选货物的行走、搬运方式。拣选货物过程是人和物的接触过程，根据不同的设施设备条件有三种方式。

（1）人—物：分拣员携台车、推车等拣货工具行走至拣选货物的储位，或者搭乘半自动机械（如拣货叉车等）到储位拣货。

（2）物—人：建立了自动分拣系统，但并没有完全实现自动化拣选的，在仓管员输入拣货命令后，自动分拣系统将货物从储位弹出，通过辊道送至出库地点，拣货员将货物分类复核即可。

（3）自动分拣系统：在建立了自动分拣系统的仓库，仓管员输入拣货命令后，系统自动将货物弹出，并通过自动搬运系统送至出货地点并按照货物种类或者直接按照客户需求分类，拣货员接收、核查即可。

4. 拣取货物

拣取货物即将货物从储位取出，利用一定的盛放及搬运工具放置指定的地点。在拣取过程中，需要对货物进行确认。

传统方式下，是由拣货员对照拣货单进行确认，货物及数量无误后在拣货单上注明。

在具有比较先进的设备条件下，可使用手持终端读取条形码进行确认。使用手持终端时还可以在拣选完成后到管理系统上进行统一对比确认。

5. 货物交接

拣取的货物统一送到出库区，拣货员与理货员进行货物交接并签字确认。

扫一扫

请扫一扫如图 2-42 所示的二维码，比较几种常见的拣货策略。

图 2-42　比较几种常见的拣货策略

任务执行

步骤1：订单信息处理

在订单管理系统中选择【出库订单录入】（见图2-43），【新增】一个出库订单，分别对订单信息、订单出库信息及订单货品进行维护，订单填写完毕后单击【保存订单】，返回订单列表，勾选该订单【生成作业计划】（见图2-44），将作业计划传递给仓储部门的仓管员。

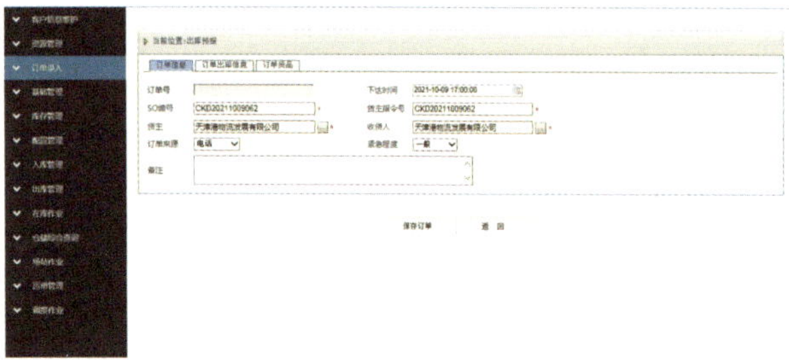

图2-43　出库订单录入

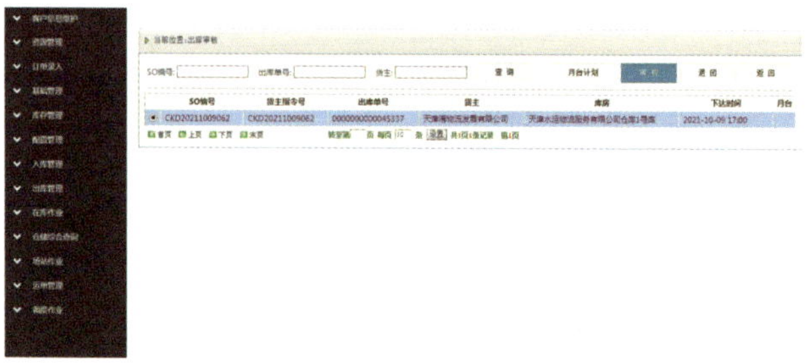

图2-44　生成作业计划

步骤2：开始出库理货

仓管员接到出库作业任务后，打印拣货单和出库单，交给拣货员。拣货员根据拣货单（见表2-8）上的要求，在设备暂存区取一个空置物流箱，按规格和数量拣选需要出库的货品。将出库单粘贴在物流箱上，并将物流箱放到摘果式货架的分拣线上。拣货员登录手持终端系统（见图2-45），进入应用操作主功能界面（见图2-46）。

表2-8　拣货单

拣货单 操作编号：CKD20231009062									
作业单号	JHD20231009100			库房			CK01		
制单人	张红霞			日期			2023年10月9日		
货品明细									
序号	储位号码	产品名称	产品编号	规格	包装单位			应拣	实拣	备注
					托盘	箱	单件			
1	01060203	弯头	WT1502	15 mm			个	20		无
2	01060201	三通	ST1502	15 mm			个	10		无
3	01060204	丝堵	SD1502	20 mm			个	10		无
4	01060205	管古	GG1502	15 mm			个	8		无
5	01040204	补芯	BX2502	25 mm×20 mm			个	7		无
仓管员		拣货员	李楠	制单人				张红霞		

图 2-45 登录手持终端系统

图 2-46 主功能界面

单击【补货／出库作业】，在手持终端主功能界面找到【出库理货】，如图 2-47 所示。

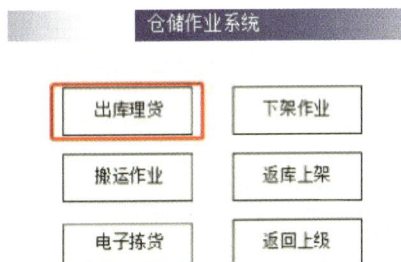

图 2-47 出库理货

步骤 3：进行电子拣货

（1）手持终端系统将分拣出库的指令发送到电子拣选区，此时电子拣选区需出库的货品所在货位的电子标签上的指示灯会点亮，并在电子标签上显示出库数量提示。

（2）拣货员根据每个电子标签的数字提示，将需拣选的货物按提示数量拣选放至物流箱内，如图 2-48 所示。

（3）待全部货物拣选下架放置物流箱后，电子货架上的绿色指示灯自动点亮，如图 2-49 所示。

图 2-48 用物流箱按电子标签拣货

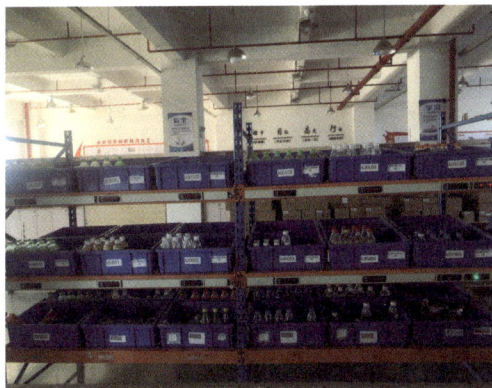

图 2-49 电子拣选完成提示

（4）完成全部拣选任务后，按下完成器上的确认键，如图 2-50 所示，表示拣选任务完成，实际拣选的货物数量由计算机系统自动填写。

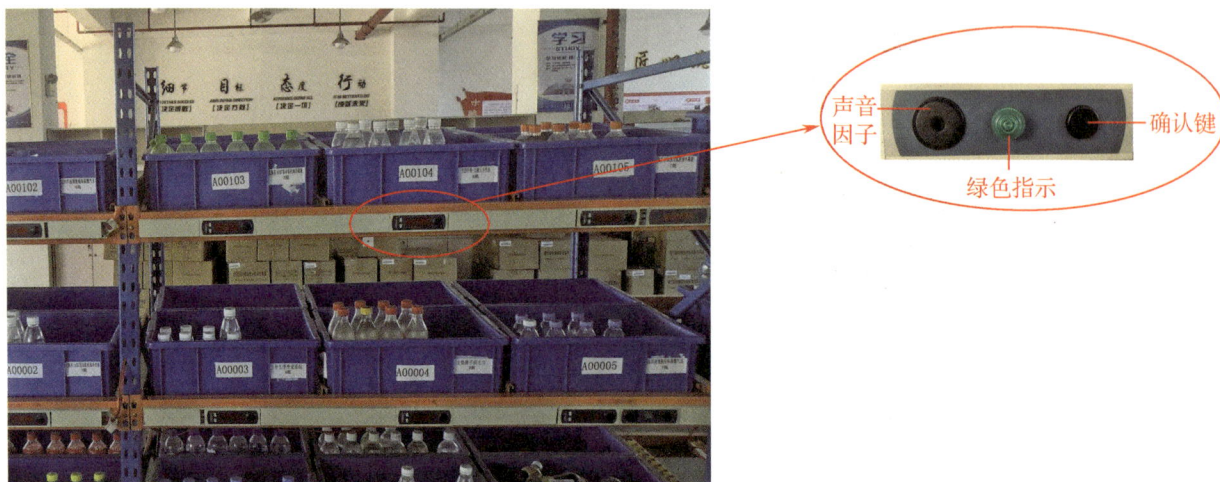

图 2-50　电子拣选确认

👆 步骤 4：出库理货完成

待货物全部拣选完毕，拣货员利用手持终端系统进行理货作业。在手持终端系统的主功能界面找到【出库理货】，在出库作业界面单击【出库理货】，出库理货完成后单击【完成】即可。

👆 步骤 5：上输送线

出库理货完成后，拣货员需要将待出库的货物放置输送线上，利用自动分拣线将待出库的货物利用输送线运送至打包区。在利用自动分拣线进行搬运前，需要通过手持终端系统将出库任务与物流箱建立关联，这样系统才能通过识别物流箱的条码信息，进行输送路线分拨的作业，如图 2-51 所示。

拣货员登录手持终端系统的功能界面，单击功能界面下的【上输送线】，如图 2-52 所示。

图 2-51　上输送线实物图

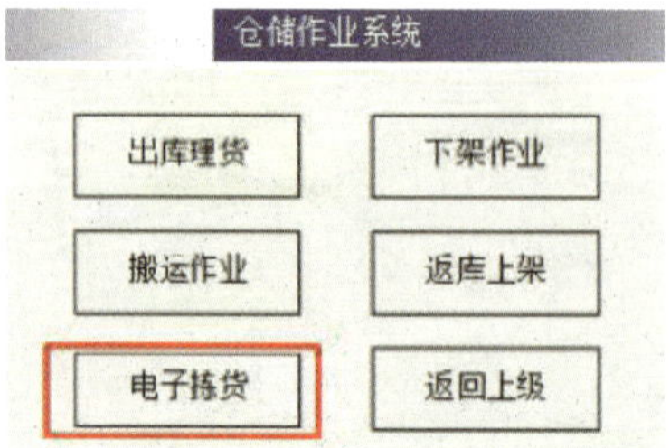

图 2-52　上输送线

利用手持终端系统采集物流箱条码信息，建立物流箱与该分拣作业任务的关联关系，选择分拣目的地，单击【确认关联】，启动输送线，输送线会将货物传输到指定的分拣口。

步骤6：打包搬运操作

货物从分拣口分拣出来后，仓管员核对物流箱上粘贴的出库单和货品信息，核对后将货物装入纸箱，用胶带封箱。将打包装箱后的货物放置手推车上，搬运至出库交接区。

步骤7：出库交接

提货人员根据提货单核查货物，核查时仓管员在一旁监察。提货人员主要核对的内容有货物名称、数量是否正确，检查外包装是否完好或者是否倒置。经复核人员核查，出库货物与提货单及出库单数量一致，均为正品。货物核查完毕，仓管员根据实际出库情况填写出库单实发数量并签上自己的名字，然后主动与提货人员交接，要求提货人员在出库单相应位置签字确认。同时，仓管员按照提货人员的要求在客户单据相应位置签字确认。

任务评价

在完成上述任务后，教师组织进行三方评价，并对学生任务执行情况进行点评。学生完成如表2-9所示"物流箱应用"任务评价表的填写。

表2-9　"物流箱应用"任务评价表

任　　务		评 价 得 分			
任务组	成员				
评价任务	分值/分	自我评价 （占20%）	他组评价 （占30%）	教师评价 （占50%）	合计 （占100%）
评价标准｜订单信息处理	10				
理货作业完成	20				
进行电子拣货	30				
打包搬运	10				
上输送线	20				
出库交接	10				
合　　计	100				

任务四　集装箱应用

任务展示

1. 请扫一扫如图2-53所示的二维码，预习本任务的学习资料。

2. 现有600箱衣服需要出口装箱，衣服所用包装纸箱尺寸为580 mm（长）×380 mm（宽）×420 mm（高），

图2-53　本任务学习资料

每 箱 毛 重 20 kg，用 40 ft（ft 为 英 尺，1 ft=0.304 8 m）钢 质 集 装 箱，箱 内 尺 寸 为 1 205 mm（长）×2 343 mm（宽）×2 386 mm（高），内容积为 67.4 m³，最大载重为 27 380 kg。需要确定最佳装箱方案，并进行装箱作业。

任务准备

任务准备 1：集装箱具有哪些功能？

（1）具有足够的强度，能长期反复使用。

（2）以箱为单位进行流通，适用于一种或多种运输方式运送。

（3）具有快速搬运和装卸的装置，便于物流过程中以集装箱为一体进行运输方式的转换。

（4）对内装货物有较强的防护、保护能力。

（5）便于货物装满和卸空。

（6）箱内净空在 1 m³ 以上。

任务准备 2：关于集装箱的标准有哪些要求？

集装箱按使用范围可分为以下几类。

1. 国际标准集装箱

国际标准集装箱是指根据国际标准化组织（ISO）第 104 技术委员会制定的国际标准来建造和使用的国际通用的标准集装箱。现行的国际标准为第 1 系列共 13 种，其宽度均为 2 438 mm，长度有 12 192 mm、9 125 mm、6 058 mm 和 2 991 mm 4 种，高度有 2 896 mm、2 591 mm、2 438 mm 和小于 2 438 mm 4 种。

2. 国家标准集装箱

国家标准集装箱是指各国政府参照国际标准并考虑本国的具体情况制定的本国集装箱标准。

3. 地区标准集装箱

地区标准集装箱是由地区组织根据该地区的特殊情况制定的，根据此类标准建造的集装箱仅适用于该地区。

4. 公司标准集装箱

公司标准集装箱是某些大型集装箱船舶公司，根据本公司的具体情况和条件而制定的集装箱船舶公司标准。这类集装箱主要在该公司运输范围内使用，如美国海陆公司的 35 ft 集装箱。

任务准备 3：集装箱的结构和标记是怎样规定的？

1. 集装箱的结构

集装箱的结构根据其箱子种类不同而有差异，就普通集装箱而言，集装箱结构如图 2-54 所示。集装箱后端标示如图 2-55 所示。

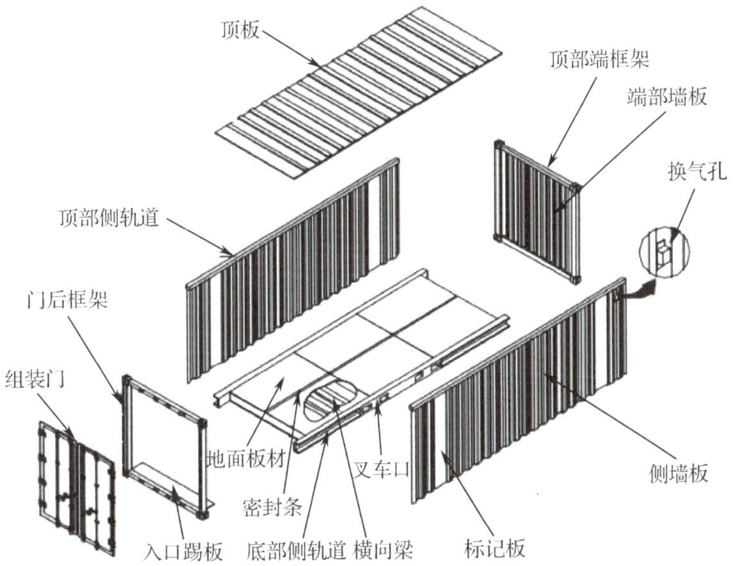

图 2-54 集装箱结构图

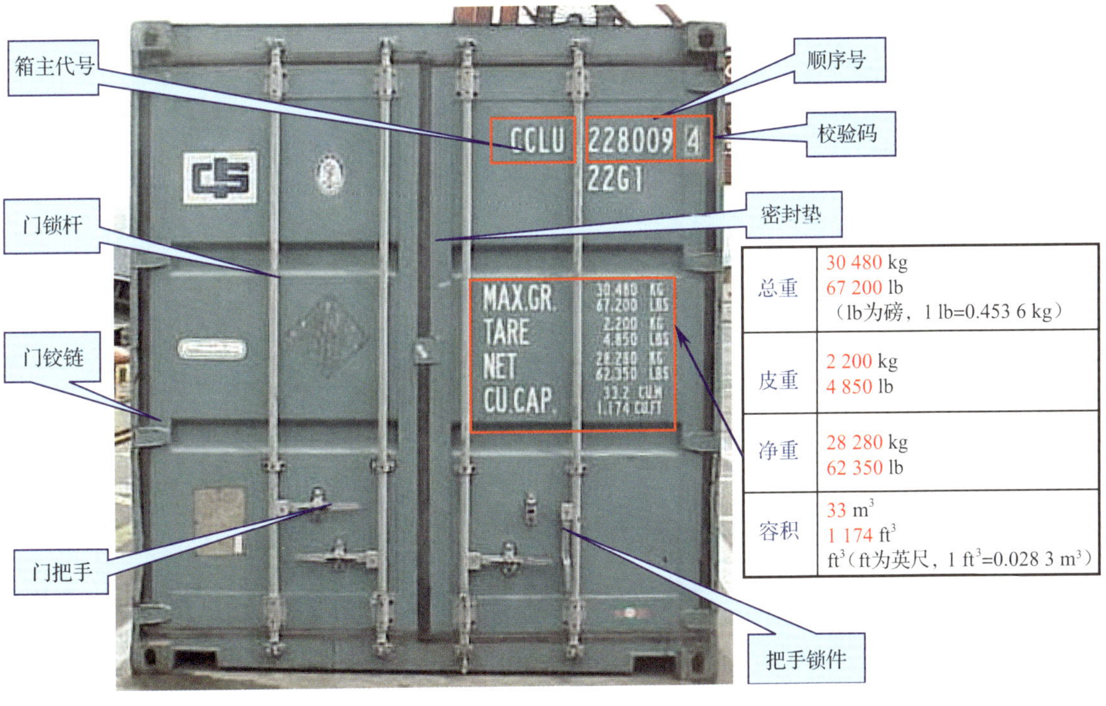

图 2-55 集装箱后端标示

2. 集装箱标记

（1）识别标记。它包括箱主代号、顺序号和校验码。

① 箱主代号。国际标准化组织规定，箱主代号由 4 个大写的拉丁字母表示，前 3 个由箱主自己规定，第 4 个字母一律用 U 表示，表示海运集装箱代号。

② 顺序号，又称箱号，由 6 位阿拉伯数字组成。如不足 6 位数，则在有效数字前用"0"补足 6 位，例如"053842"。

③ 校验码。校验码是用来核对箱主代号和顺序号记录是否准确的依据。它位于箱号后，用 1 位阿拉伯数字表示，并加方框以示醒目。

（2）尺寸及箱型代码。集装箱的尺寸用 2 位数字表示，第 1 位表示箱长，第 2 位表示箱高和箱宽。集装箱的箱型一般用 1 个拉丁字母和 1 位数字表示。如 G 代表通用集装箱，R 代表冷藏集装箱，T 代表罐式集装箱。

（3）作业标记。它包括以下两个内容：

① 额定重量和自定重量标记。额定重量即集装箱总重，自定重量即集装箱空箱质量（或空箱重量），以千克（kg）和磅（lb）同时表示。

② 可选择性作业标记。

集装箱标记标识具体实例如图 2-56 所示。

EMCU 为箱主代号，表示此箱主为长荣海运股份有限公司。

图 2-56　集装箱标记标识

331966 为箱号，3 为校验码。

22G1 表示箱长为 20ft、箱宽为 8ft、箱高为 8ft6in（in 为英寸，1in=0.025 4 m），上方有透气罩的通用集装箱。

扫一扫

请扫一扫如图 2-57 所示的二维码，了解集装箱标识代码。

图 2-57　集装箱标识代码

任务执行

👉 **步骤 1：确定可使用的集装箱**

根据任务内容可知，该批货物使用 40ft 集装箱装货。

👉 **步骤 2：确定货物的最佳装箱方案**

跟单员需考虑在集装箱内货物有多种不同的放置方法，根据简单计算，确定最佳装箱方案。

1. 按体积计算

（1）纸箱放置方法一

集装箱内尺寸：12 050 mm（长）×2 343 mm（宽）×2 386 mm（高）；纸箱在集装箱

内的对应位置：580 mm（长）×380 mm（宽）×420 mm（高）；集装箱长、高、宽可装箱量分别为20.7箱、6.1箱和5.6箱；去除纸箱误差，集装箱可装纸箱数：20×6×5=600（箱）。体积为55.54 m³。

（2）纸箱放置方法二

集装箱内尺寸：12 050 mm（长）×2 343 mm（宽）×2 386 mm（高）；纸箱在集装箱内的对应位置：380 mm（宽）×580 mm（长）×420 mm（高）；集装箱长、高、宽可装箱量分别为31.7箱、4.0箱和5.6箱；去除纸箱误差，集装箱可装纸箱数：31×4×5=620（箱）。体积为57.39 m³。

（3）纸箱放置方法三

集装箱内尺寸：12 050 mm（长）×2 343 mm（宽）×2 386 mm（高）；纸箱在集装箱内的对应位置：420 mm（高）×580 mm（长）×380 mm（宽）；集装箱长、高、宽可装箱量分别为28.6箱、4.0箱和6.2箱；去除纸箱误差，集装箱可装纸箱数：28×4×6 =672（箱）。体积为62.20 m³。

通过人工简单地按体积计算，显然"方法三"是最佳的一般性计算装箱量方案。

2. 按重量计算

纸箱数量 =27 380/20=1 369（箱）>672（箱）

所以，这个集装箱量应按体积计算的数量，最多可以装672箱。

步骤3：装箱前进行箱体检查

（1）集装箱的箱体是否完好无损（是否有破损，是否透光，是否严重变形导致内容积减少，箱里木地板是否翘起，是否有异味，是否污浊，是否潮湿等）。

（2）门锁的功能是否良好。

（3）检查货物重量是否超过集装箱标志的最大载重量。

集装箱装货前要进行箱体、门锁、货物重量的必要检查，如图2-58所示。

步骤4：装箱训练

使用叉车，利用托盘把需要装箱的货物运到集装箱门附近，根据装箱方案进行装箱操作。在装箱过程中严格按照重叠式从里往外进行装箱作业，如图2-59所示。

图2-58 集装箱装箱检查　　　图2-59 进行装箱作业

步骤5：装箱完毕后进行加固、铅封

图2-60　进行装箱加固铅封检查

在横向产生250～300 mm的空隙时，可以利用上层货物的重量把下层货物压住，最上层货物，一定要塞满或加以固定。箱门端留有较大的空隙时，需要利用方形木条来固定货物，锁好门后要进行铅封。通常，铅封应加在后门的右半边。因压门的铁片是焊接在右门上的（右压左），关门时须先关左门再关右门，而开门时则相反。理论上讲，柜子后门的4个把手均可加铅封，如图2-60所示。

任务评价

在完成上述任务后，教师组织进行三方评价，并对学生任务执行情况进行点评。学生完成如表2-10所示"集装箱应用"任务评价表的填写。

表2-10　"集装箱应用"任务评价表

任　　务		评　价　得　分			
任务组		成员			
评价任务		分值/分	自我评价（占20%）	他组评价（占30%）	教师评价（占50%）	合计（占100%）
评价标准	确定最佳装箱方案	30				
	装箱前对箱体进行检查	20				
	装箱	20				
	加固、铅封	15				
	团队合作	15				
合　　计		100				

思政课堂

请扫一扫如图2-61所示的二维码，进行项目二思政课堂的学习。

图2-61　项目二思政课堂

| 项目三 |

装卸搬运设备应用

在本项目中，我们将装卸搬运设备应用分成 5 个任务，分别是装卸搬运设备辨识、液压托盘车操作与保养、全电动托盘车操作与保养、半电动堆高车操作与保养、电动叉车操作与保养。

项目目标

知识目标	1. 了解装卸搬运设备的定义及分类。 2. 掌握液压托盘车的构成及操作规范。 3. 掌握全电动托盘车的构成及操作规范。 4. 掌握半电动堆高车的构成及日常维护保养注意事项。 5. 掌握电动叉车的构成及安全操作注意事项。
技能目标	1. 能够辨识和选配常见的装卸搬运设备。 2. 能够规范操作液压托盘车并能对其进行日常维护保养。 3. 能够规范操作全电动托盘车并能对其进行日常维护保养。 4. 能够规范操作半电动堆高车并能对其进行日常维护保养。 5. 能够规范操作半电动堆高车并能对其进行日常维护保养。 6. 能够规范操作电动叉车操作并能对其进行日常维护保养。
素质目标	1. 培养学生爱岗敬业、精益求精、认真专注的工匠精神。 2. 培养学生安全操作、风险防范的意识。 3. 培养学生严谨的工作态度和良好的团队合作精神。

任务一　装卸搬运设备辨识

任务展示

图 3-1　本任务学习资料

1. 请扫一扫如图 3-1 所示的二维码，预习本任务的学习资料。

2. 晋江明鸿有限公司有一间空置的单层厂房，现计划将其改造成一间仓库出租给某知名饮料公司，作为该公司在当地的零售配送仓库。经过前期的土建改造，将该厂房改造成整体高度为 9 m 的单层仓库，库内净高 7.5 m，库房总建筑面积 8 000 m²，仓库平面图如图 3-2 所示。请根据租赁人的要求与实际情况，为仓库选配合适的装卸搬运设备。要求所选择的装卸搬运设备能满足该仓库对所负责货物的接收、分拣、配装等作业的装卸和搬运要求，并要考虑与仓库内其他设施设备的通用问题。

图 3-2　仓库平面图

任务准备

任务准备 1：装卸搬运设备是什么?

装卸搬运设备是指用来搬移、升降、装卸和短距离输送物料或货物的机械。装卸搬运设备是实现装卸搬运作业机械化的基础，是物流设备中重要的机械设备。它不仅可用于完成船舶与车辆货物的装卸，还可用于完成库场货物的堆码、拆垛、运输及舱内、车内、库内货物的起重输送和搬运。

任务准备 2：装卸搬运设备如何分类？

按装卸及搬运两种作业性质不同，可将装卸搬运设备分成<u>装卸机械、搬运机械及装卸搬运机械</u>三类。按装卸搬运机具的工作原理，可将其分为<u>叉车类、作业车类、输送机类、起重机类和管道输送设备类</u>，如图 3-3 所示。

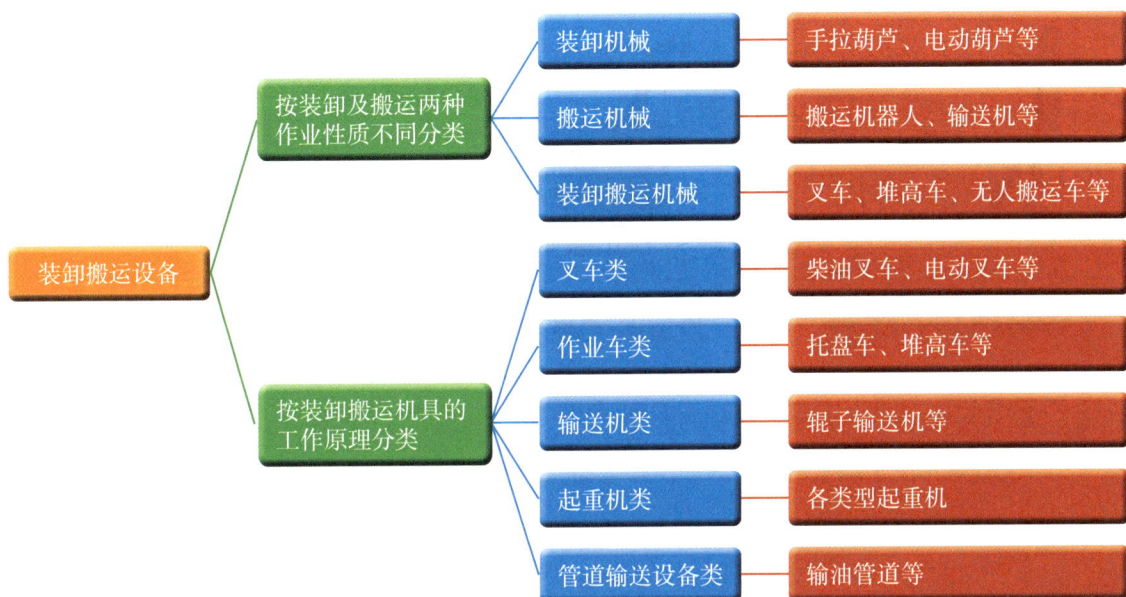

```
                          ┌─ 装卸机械      手拉葫芦、电动葫芦等
              按装卸及搬运两种 ─┤─ 搬运机械      搬运机器人、输送机等
              作业性质不同分类   └─ 装卸搬运机械   叉车、堆高车、无人搬运车等
装卸搬运设备 ─┤
                          ┌─ 叉车类        柴油叉车、电动叉车等
              按装卸搬运机具的 ─┤─ 作业车类      托盘车、堆高车等
              工作原理分类     ├─ 输送机类      辊子输送机等
                          ├─ 起重机类      各类型起重机
                          └─ 管道输送设备类   输油管道等
```

图 3-3　装卸搬运设备的分类

任务准备 3：如何辨识手拉葫芦和电动葫芦？

<u>手拉葫芦</u>是一种以链条为承载牵引件的手拉链轮驱动的轻便吊装起重设备，它具有提升重物、悬空停止重物和下降重物的功能，即具有使重物垂直位移的功能，如图 3-4 所示。

<u>电动葫芦</u>是一种以电力驱动的轻小型起重机械，具有与手拉葫芦相同的功能，常用于工矿企业、仓储码头等场所，起重量一般为 0.1 ～ 80 t，起升高度为 3 ～ 30 m，常被用作单梁桥式起重机、龙门起重机和悬臂起重机的配套提升装置，如图 3-5 所示。

图 3-4　手拉葫芦

图 3-5　电动葫芦

任务准备 4：如何辨识托盘车？

托盘车又称<u>托盘搬运车</u>，是最常见的一种搬运货物的物流搬运设备。托盘车将其承载的

货叉插入托盘孔内，由人力或动力驱动液压系统来实现托盘的起升和下降，并由人力或动力拉动完成搬运作业。它是托盘运输工具中最简便、最有效、最常见的装卸、搬运工具。托盘车根据其动力不同可以分为液压托盘车（见图3-6）、半电动托盘车（见图3-7）和全电动托盘车（见图3-8）。

图 3-6　液压托盘车　　　　图 3-7　半电动托盘车　　　　图 3-8　全电动托盘车

任务准备 5：如何辨识堆高车？

堆高车是指对成件托盘货物进行装卸、堆高、堆垛和短距离运输作业的各种轮式搬运车辆。堆高车结构简单、操控灵活、安全性能高，适用于狭窄通道和有限空间内的作业，是仓库、车间装卸托盘化的理想设备。它被广泛应用于港口、铁路、货场、仓库等场所，并可进入船舱、车厢和集装箱内进行托盘货物的装卸、堆码和搬运作业，极大地提高了工作效率，减轻了装卸搬运的劳动强度。堆高车根据其动力不同，可以分为手动堆高车（见图3-9）、半电动堆高车（见图3-10）和全电动堆高车（见图3-11）。

图 3-9　手动堆高车　　　　图 3-10　半电动堆高车　　　　图 3-11　全电动堆高车

任务准备 6：如何辨识叉车？

叉车又称铲车、叉式装卸车，是装卸搬运设备中最常用的具有装卸、搬运双重功能的机械，是成件托盘货物进行装卸、堆垛和短距离运输、重物搬运作业的各种轮式搬运车辆的总称。叉车的分类如图3-12所示，按动力装置的不同，可分为内燃叉车（见图3-13）和电动叉车（见图3-14）；按用途不同，可分为通用叉车和专用叉车（如集装箱叉车，见图3-15）；按叉车结构不同，可分为平衡重式叉车、前移式叉车（见图3-16）、侧面式叉车（见图3-17）、插腿式叉车、跨车（见图3-18）和特种叉车。

内燃叉车

按动力装置不同分类

电动叉车

通用叉车

按用途不同分类

专用叉车

平衡重式叉车

前移式叉车

叉车

侧面式叉车

按叉车结构不同分类

插腿式叉车

跨车

特种叉车

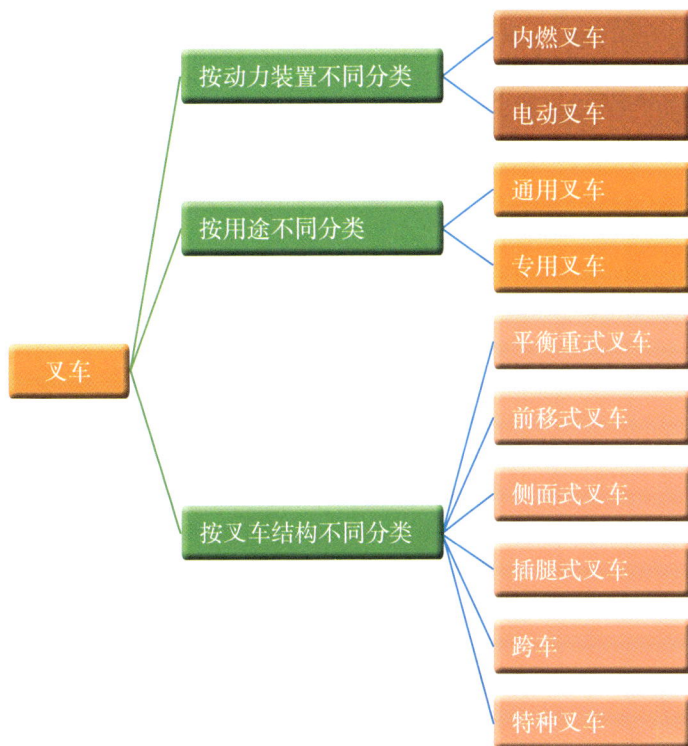

图 3-12　叉车的分类

图 3-13　内燃叉车　　　　图 3-14　电动叉车　　　　图 3-15　集装箱叉车

图 3-16　前移式叉车　　　　图 3-17　侧面式叉车　　　　图 3-18　跨车

　　按叉车的人工操作形式分为人工叉车和自动叉车。人工叉车是指需要人工操作进行作业的叉车，前述介绍的各类叉车均属于此类叉车。自动叉车又称 AGV 叉车，是集装卸和搬运功能于一体的可无线调度的自动导引小车，可用于实现无人搬运、堆垛托盘类货物，由升降系统、驱动系统、控制系统、导引系统、通信系统、警示系统、操作系统和动力电源组成。

任务准备 7：如何辨识输送机？

常见的输送机有带式输送机、链式输送机、辊道式输送机等。

带式输送机是连续运输机中效率最高、使用最普遍的一种机型，如图 3-19 所示。带式输送机的输送带既是承载货物的构件，又是传递牵引力的牵引构件，依靠输送带与滚筒之间的摩擦力平稳地进行驱动。输送带按种类不同，分为橡胶带、帆布带、塑料带和钢芯带四大类，其中以橡胶带应用最广。

链式输送机是利用链条牵引、承载，或由链条上安装的板条、金属网带、辊道等承载物料的输送机，如图 3-20 所示。

辊道式输送机是利用辊子输送成件物品的输送机，它由一系列以一定间距排列的辊子组成，用于输送成件货物或托盘货物，如图 3-21 所示。

图 3-19　带式输送机　　　图 3-20　链式输送机　　　图 3-21　辊道式输送机

任务准备 8：如何辨识起重机？

常见的起重机有梁式起重机、门座起重机、桥式起重机、浮式起重机等。

梁式起重机由桥梁、起重小车两大部分组成，如图 3-22 所示。桥架主梁多由型钢（主要是工字钢）或型钢与钢板制成的简单截面梁装配而成；起重小车采用手拉葫芦、电动葫芦配套或用葫芦作起升机构的部件装配而成。

门座起重机又简称为门吊、门机，其构造大体上可以分为上部旋转部分和下部运行部分，如图 3-23 所示。上部旋转部分安装在一个高大的门形底架（门架）上，并相对于下部运行部分可以实现 360° 任意旋转。门架可以沿轨道运行，同时，它又是起重机的承重部分，门座起重机正是由此门形底座而得名的。

桥式起重机是指由能运行的桥架结构和设置在桥架上能运行的起升结构组成的起重机械，如图 3-24 所示。桥式类型的起重机包括梁式起重机、电动桥式起重机、龙门起重机、装卸桥式起重机、冶金桥式起重机、缆索起重机等。

浮式起重机是以专用浮船作为支承和运行装置，浮在水上作业，可沿水道自航或拖航的水上臂架起重机，如图 3-25 所示。

图 3-22　梁式起重机

图 3-23　门座起重机

图 3-24　桥式起重机

图 3-25　浮式起重机

任务准备 9：如何辨识 AGV？

　　AGV 是 Automated Guided Vehicle 的缩写，意即"自动导引运输车"，也称"无人搬运车"，是指装备有电磁或光学等自动导引装置，能够沿规定的导引路径行驶，具有安全保护及各种移载功能的运输车，如图 3-26 所示。AGV 以轮式移动为特征，较之步行、爬行或其他非轮式的移动机器人具有行动快捷、工作效率高、结构简单、可控性强、安全性好等优势。与物料输送中常用的其他设备相比，AGV 的活动区域无须铺设轨道、支座架等固定装置，不受场地、道路和空间的限制。因此，在自动化物流系统中，AGV 能充分体现其自动性和柔性，实现高效、经济、灵活的无人化生产。

图 3-26　AGV

扫一扫

请扫一扫如图 3-27 所示的二维码，了解 AGV 的发展历史和现状。

图 3-27　AGV 的发展历史和现状

任务准备 10：如何辨识搬运机器人？

搬运机器人是可以进行自动化搬运作业的工业机器人，如图 3-28 所示。其优点是可以通过编程完成各种预期的任务，在自身结构和性能上有了人和机器的各自优势，尤其体现出了人工智能和适应性。搬运机器人可安装不同的末端执行器以完成各种不同形状和状态的工件搬运工作，大大减轻了人类繁重的体力劳动。最早的搬运机器人出现在1960 年的美国，现在搬运机器人已经被广泛应用于自动装配流水线、智能仓库码垛搬运等的自动搬运中。

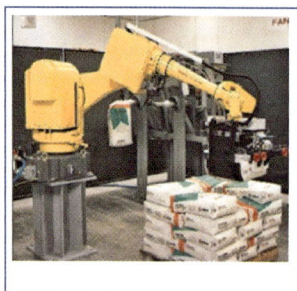

图 3-28　搬运机器人

任务执行

步骤 1：情况分析

（1）仓储设施、集装设备情况：根据任务展示，确定仓储设施及集装设备。

（2）作业量情况：饮料为快速消费品，需求量较大，特别是在夏季需求量大增，因此，将会有大量货物运达到本仓库；而本仓库又是零售配送型仓库，需要负责本地区几十家终端零售商店的各类饮料的配送工作，因此，需要进行多批次、小批量货物的装卸搬运作业。

（3）**运动形式、运送距离情况**：因为本仓库采用的货架为多层货架，因此，货物运动为水平、垂直运动；运送距离均在本仓库内完成，属于较短途搬运。

🖐 步骤2：选配装卸搬运设备

根据上述分析，可以明确在货物运达装卸、货物搬运、货物发送装卸作业中，需要的装卸搬运设备应该满足大批量货物（特别是托盘货物）短距离水平、垂直运动的要求。综合上述要求，应选择合适的装卸搬运设备，如液压托盘车、内燃叉车、电动叉车、半电动堆高车等。

🧭 任务评价

在完成上述任务后，教师组织进行三方评价，并对学生任务执行情况进行点评。学生完成如表3-1所示"装卸搬运设备辨识"任务评价表的填写。

表3-1　"装卸搬运设备辨识"任务评价表

任　　务		评　价　得　分				
任务组		成员				
	评价任务	分值/分	自我评价（占20%）	他组评价（占30%）	教师评价（占50%）	合计（占100%）
评价标准	辨识装卸搬运设备	30				
	任务分析	30				
	选配装卸搬运设备	40				
合　　计		100				

任务二　液压托盘车操作与保养

📜 任务展示

1. 请扫一扫如图3-29所示的二维码，预习本任务的学习资料。

2. 从"停车区"领取液压托盘车，使用液压托盘车叉取B区的托盘货物，按照图3-30规定的路线，将托盘货物搬运至A区，搬运过程中液压托盘车不能出界或者碰到障碍物，托盘货物不能倒塌。任务完成后，要将液压托盘车归还到"停车区"，并对液压托盘车进行日常维护保养。

图3-29　本任务学习资料

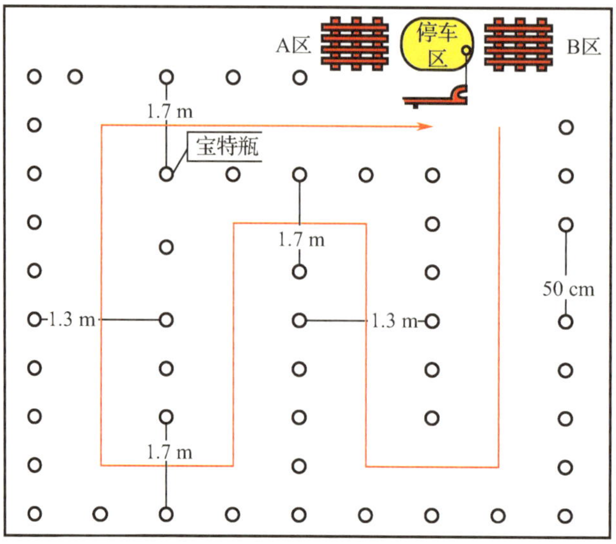

图 3-30　液压托盘车场地图

任务准备

任务准备1：液压托盘车由哪几部分构成？

液压托盘车主要由手柄、指状手柄、液压缸、车轮及承载滚轮、货叉（牙叉）等组成，如图3-31所示。

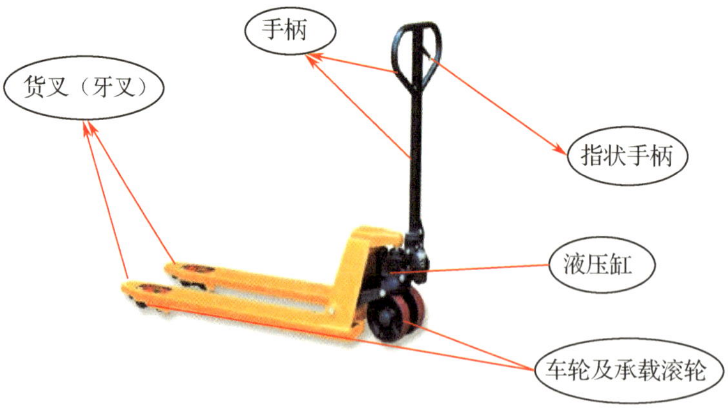

图 3-31　液压托盘车构造示意图

1. 手柄

手柄是液压托盘车操作货叉起升、下降和行走的控制杆，如图3-31所示。

2. 指状手柄

（1）空挡状态：当液压托盘车指状手柄居中时，液压托盘车处于"空挡状态"（见图3-32），货叉不升不降；液压托盘车行驶过程中，不能随意升降货叉，指状手柄应处于"空挡状态"。

（2）**上升挡位**：将液压托盘车指状手柄往下按压时，液压托盘车处于"上升挡位"（见图3-33），只要上、下按压手柄即可使货叉上升。

（3）**下降挡位**：将液压托盘车指状手柄往上提时，液压托盘车处于"下降状态"（见图3-34），货叉会开始下降。

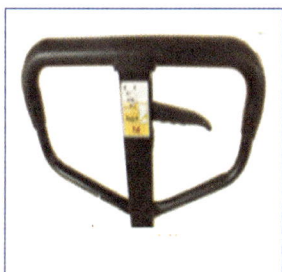

图 3-32　指状手柄空挡状态　图 3-33　指状手柄上升挡位　图 3-34　指状手柄下降挡位

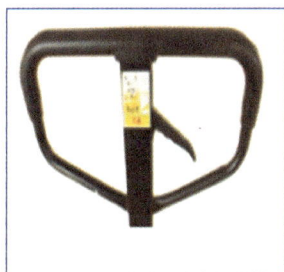

3. 液压缸

液压缸是将液压能转变为机械能、做直线往复运动的液压执行元件。它结构简单、工作可靠。液压缸装在重载保护座上，缸筒镀铬，柱塞镀锌，如图3-35所示。

4. 车轮及承载滚轮

液压托盘车车轮一般也称聚氨酯轮，滚动阻力很小。车轮装有密封轴承，运转灵活。

5. 货叉（牙叉）

货叉又称牙叉，由高抗拉伸槽钢做成，叉尖做成圆头楔形，方便插入托盘且不损坏托盘。

图 3-35　液压缸示意图

👉 任务准备2：液压托盘车操作规范有哪些?

液压托盘车操作规范主要有如下9点。

（1）在移动过程中，不允许进行货叉高度的调整，不能升降货叉（见图3-36）。

（2）应在规定的载荷内使用，且载荷必须均匀分布在整个叉面上。

（3）叉取托盘货物时，货叉需全部进入托盘。

（4）操作过程中，液压托盘车在空车移动及载货移动时，不允许出现与货架等设施设备或货物产生碰撞的情况，如图3-37所示。

（5）液压托盘车不作业时应刹车，指状手柄处于"空挡状态"，并将货叉降至最低位置。

（6）严禁载人，严禁人站在货叉上踩地溜车，如图3-38所示。

（7）在拐弯的时候务必小心，一定要看清楚是否有行人和车辆在附近活动。

（8）液压托盘车操作完毕，应放回设备存放区内，不允许将液压托盘车随意停放。

（9）手柄下部连接的螺栓如果发生松动，应该马上报修。

移动过程中升降货叉 ✗

移动过程中无升降货叉 ☺

图 3-36　移动过程中不能升降货叉

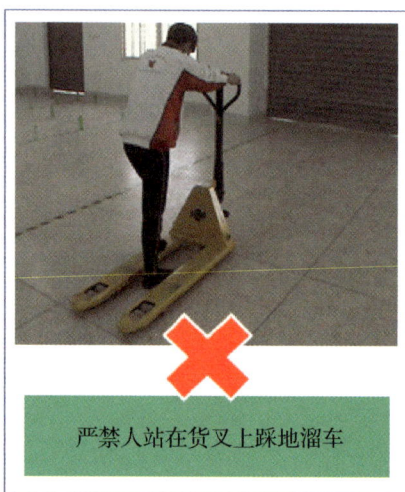

严禁液压托盘车与货架产生碰撞 ✗

严禁人站在货叉上踩地溜车 ✗

图 3-37　严禁液压托盘车与货架产生碰撞　　图 3-38　严禁人站在货叉上踩地溜车

扫一扫

请扫一扫如图 3-39 所示的二维码，了解液压托盘车常见故障及排除办法。

图 3-39　液压托盘车常见故障及排除办法

任务执行

步骤1：领取设备

从"停车区"取出液压托盘车，如图3-40所示。当液压托盘车处于刹车状态时，用双手握住手柄将其顺时针转动90°，然后拉住手柄将液压托盘车拉出"停车区"，按任务描述中的规定路线将液压托盘车运行至"B区"。

步骤2：叉取托盘

到达"B区"后，将液压托盘车的货叉完全插进"B区"的托盘槽内，如图3-41所示。

图3-40　取出液压托盘车

步骤3：搬运货物

当货叉插入托盘槽后，压下指状手柄，上下摇动手柄，启动液压系统，使货叉上升，上升到与地面无摩擦的高度后，把指状手柄调至水平位置，货叉停止上升，然后按照任务描述中规定的路线将托盘搬运至"A区"，如图3-42所示。

图3-41　叉取托盘

图3-42　搬运货物

步骤4：卸载货物

当托盘搬运至"A区"后，抬起指状手柄，直至货叉降低到最低点，将托盘卸载在"A区"，卸载完毕后再将指状手柄调至水平位置，如图3-43所示。

步骤5：设备归位

卸载托盘货物后，双手握住手柄，用力向后拉，使液压托盘车的货叉完全离开托盘插槽，然后将液压托盘车按规定路线拉回"停车区"，刹车并放好，如图3-44所示。

步骤6：日常维护保养

对液压托盘车保养得当，将延长其使用寿命，日常维护保养主要从以下几个方面进行。

车身清洁：每天工作结束后，应该用干净的湿抹布擦拭车身。如果液压托盘车较脏，可使用高压软管进行冲洗。

图 3-43　卸载货物

图 3-44　设备归位

排除液压系统的空气：要更换密封件时，空气可能会进入液压系统，只要将指状手柄往下按压调至"上升状态"，然后摆动手柄十几次，就可以将空气排出。

润滑可动部分：液压托盘车所有轴承均备有加油孔，使用一段时间后必须加润滑油。

正确停放：每当工作完成时，液压托盘车的货叉应该空载并降到最低位置，指状手柄应居中，并刹车。

任务评价

在完成上述任务后，教师组织进行三方评价，并对学生任务执行情况进行点评。学生完成如表 3-2 所示"液压托盘车操作与保养"任务评价表的填写。

表 3-2　"液压托盘车操作与保养"任务评价表

任　　务			评 价 得 分			
任务组		成员				
评价任务		分值/分	自我评价 （占 20%）	他组评价 （占 30%）	教师评价 （占 50%）	合计 （占 100%）
评价标准	领取设备	10				
	叉取托盘	20				
	搬运货物	20				
	卸载货物	20				
	设备归位	10				
	日常维护保养	20				
合　　计		100				

任务三　全电动托盘车操作与保养

任务展示

1. 请扫一扫如图 3-45 所示的二维码，预习本任务的学习资料。

2. 驾驶全电动托盘车，从车库 A 出发，直行前往 A 区，叉取 1 个带货托盘，然后倒车进入转向区，在转向区对车辆进行调整，然后正向驶入 B 区，将托盘放置在 B 区，然后倒车将车辆驶入车库 B，全电动托盘车场地训练图如图 3-46 所示。搬运过程中全电动托盘车不能出界或者碰到障碍物，托盘货物不能倒塌。任务完成后，要对全电动托盘车进行日常维护保养。

图 3-45　本任务学习资料

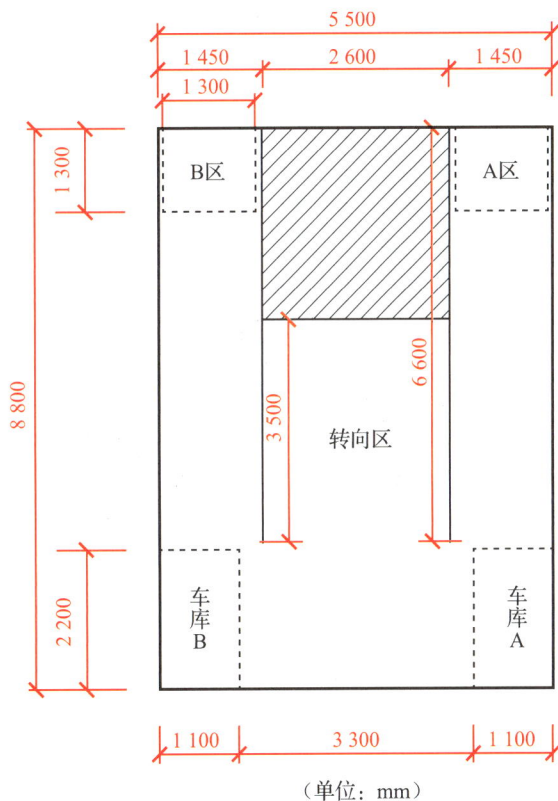

（单位：mm）

图 3-46　全电动托盘车场地训练图

任务准备

任务准备 1：全电动托盘车由哪几部分构成？

全电动托盘车主要由车体结构、操作手柄、驱动系统、安全提示装置四部分组成，如图 3-47 所示。

图 3-47　全电动托盘车结构图

1. 车体结构

（1）货叉、车体结构钢板采用自动、半自动加工。

（2）配置弹性平稳轮，使在路面不平整的情况下也能保持驾驶的稳定性。

（3）驱动轮、负载轮、平衡轮采用特殊工艺的橡胶／聚氨酯轮，大大延长了使用寿命。

2. 操作手柄

（1）操作手柄集起升／下降、前进／后退行驶、倒车、喇叭及制动等操作功能于一体，方便操作，操作手柄各部件示意图如图 3-48 所示。

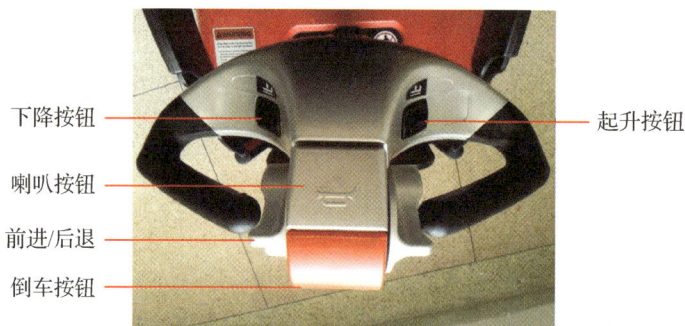

图 3-48　操作手柄各部件示意图

（2）手柄操作横摆角度大于 180°，在狭小空间也能操作自如。

3. 驱动系统

（1）采用无级调速，方便控制行驶速度。

（2）驱动电动机扭矩大，承载能力强，动力好，维修简便。

4. 安全提示装置

（1）配置有钥匙开关、紧急制动开关／总开关，如图 3-49 所示。遇紧急状态可按下紧急制动开关／总开关，系统电路可自动切断。下车时要关闭总开关，并拔出车辆钥匙。

（2）电量显示，如图 3-49 所示，实时反映电瓶容量和工作时间，有效提高电瓶的使用寿命。

（3）里程显示，如图 3-49 所示，实时反映全电动托盘车的行驶里程。

电量显示
里程显示
钥匙开关
紧急制动
开关/总开关

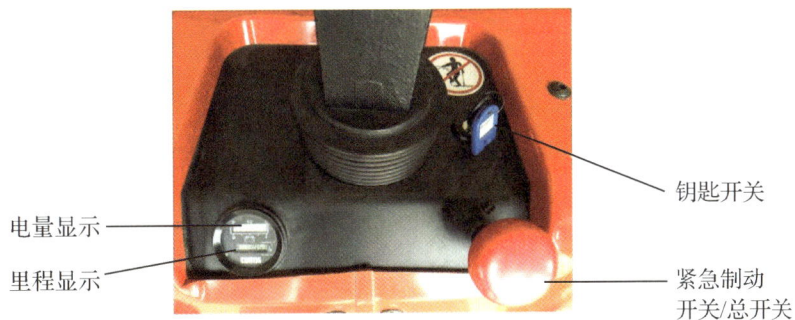

图 3-49　安全提示装置各部件示意图

任务准备 2：全电动托盘车如何维护保养？

1. 车辆的保养

每次用完全电动托盘车卸下货叉上的货物后，将货叉降至最低位置。给传动部件及车轮轴承添加润滑油脂。

2. 蓄电池的保养

（1）为保证全电动托盘车的蓄电池寿命，蓄电池投入使用前应充足电，充电不足的蓄电池不可使用。

（2）蓄电池尽量避免过充和过放。蓄电池过充和过放会严重影响蓄电池的性能和使用寿命。

（3）电解液的孔塞和气盖应保持清洁，充电时应取下或打开，充电完毕后应装上或闭合。蓄电池表面、连接线及螺钉应保持清洁、干燥。如有硫酸，应用棉纱蘸上碱液擦去，注意不让碱液进入蓄电池内。

（4）充电完成后，应检查电解液的液位，及时补加蒸馏水以保持液面高度。

（5）蓄电池使用后，应及时充电，放置时间一般不超过 24 h。

（6）充电时应保持良好的通风，严禁烟火。

（7）蓄电池应避免阳光直射，离热源距离不得少于 2 m。

扫一扫

请扫一扫如图 3-50 所示的二维码，了解全电动托盘车的常见故障及解决方法。

图 3-50　全电动托盘车的常见故障及解决方法

任务执行

👉 **步骤1：启动车辆**

　　操作员在操作前进行场地和车辆检查，确认无误后，操作员戴好安全帽上车，将安全扶手展开，打开总开关及钥匙开关，启动全电动托盘车，然后提升货叉，鸣笛，从车库A发车前往A区，具体如图3-51所示。

图3-51　启动车辆

👉 **步骤2：叉取托盘**

　　操作员驾驶全电动托盘车前往A区，到达A区托盘位时，将全电动托盘车的货叉对准托盘，缓慢进叉到位后，起升货叉使托盘离开地面3~4 cm后搬运，如图3-52和图3-53所示。

图3-52　叉取托盘

图3-53　托盘离地后搬运

👉 **步骤3：搬运操作**

　　操作员倒车进入转向区，在转向区调整车向，驶向B区，具体如图3-54和图3-55所示。在搬运过程中需要注意通道两旁的货物或障碍物，在视线不好或转弯时，应鸣笛示意其他工作人员，注意车辆通过，需要让行。若搬运货物过程中货物过高挡住视线，应该后退驾驶。

图 3-54　在转向区调整车向

图 3-55　驶向 B 区

👍 步骤 4：卸载托盘

到达 B 区后，操作员应将托盘放置在 B 区的托盘位，如图 3-56 所示。

👍 步骤 5：设备归位

操作员倒车返回车库 B，将车辆归位，如图 3-57 所示。车辆归位后，操作员须关闭总开关，关闭钥匙开关，拔掉钥匙并把钥匙放到指定地点，以方便他人使用。

图 3-56　卸载托盘

图 3-57　车辆归位

👍 步骤 6：日常维护保养

全电动托盘车完成任务回到车库后，操作者须将货叉降到最低位置，并定期给传动部件及车轮轴承添加润滑油。同时，操作员还应该检查全电动托盘车的电量，如果电量不足，就应该给电动托盘车充电。

充电时首先把蓄电池的插座拔下，然后插上充电器的接口，如图 3-58 所示。最后打开充电器的电源，如图 3-59 所示。

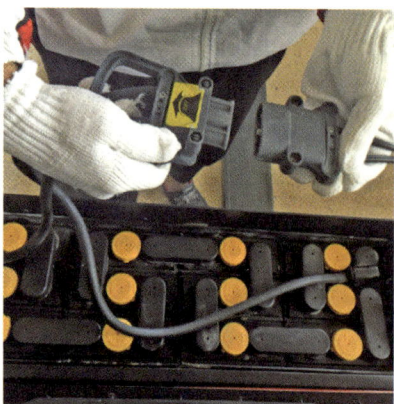

图 3-58　插上充电器的接口

图 3-59　打开充电器的电源

任务评价

在完成上述任务后，教师组织进行三方评价，并对学生任务执行情况进行点评。学生完成如表 3-3 所示"全电动托盘车操作与保养"任务评价表的填写。

表 3-3　"全电动托盘车操作与保养"任务评价表

任　　务			评价得分			
任务组		成员				
评价任务		分值/分	自我评价（占20%）	他组评价（占30%）	教师评价（占50%）	合计（占100%）
评价标准	启动车辆	10				
	叉取托盘	20				
	搬运操作	20				
	卸载托盘	20				
	设备归位	10				
	日常维护保养	20				
合　　计		100				

任务四　半电动堆高车操作与保养

任务展示

1. 请扫一扫如图 3-60 所示的二维码，预习本任务的学习资料。

2. 从"堆高车存放区"领取半电动堆高车，并用半电动堆高车将堆放在"托盘货架交接区"的一托货物搬运至托盘货架区

图 3-60　本任务学习资料

02010201（第2排第1列第2层第1位）货位前并进行上架，然后将03010202（第3排第1列第2层第2位）货位的托盘货物下架，并将下架的托盘货物搬运至"托盘货架交接区"。完成任务后将半电动堆高车归还到"堆高车存放区"，并对半电动堆高车进行日常保养，场地布置如图3-61所示。

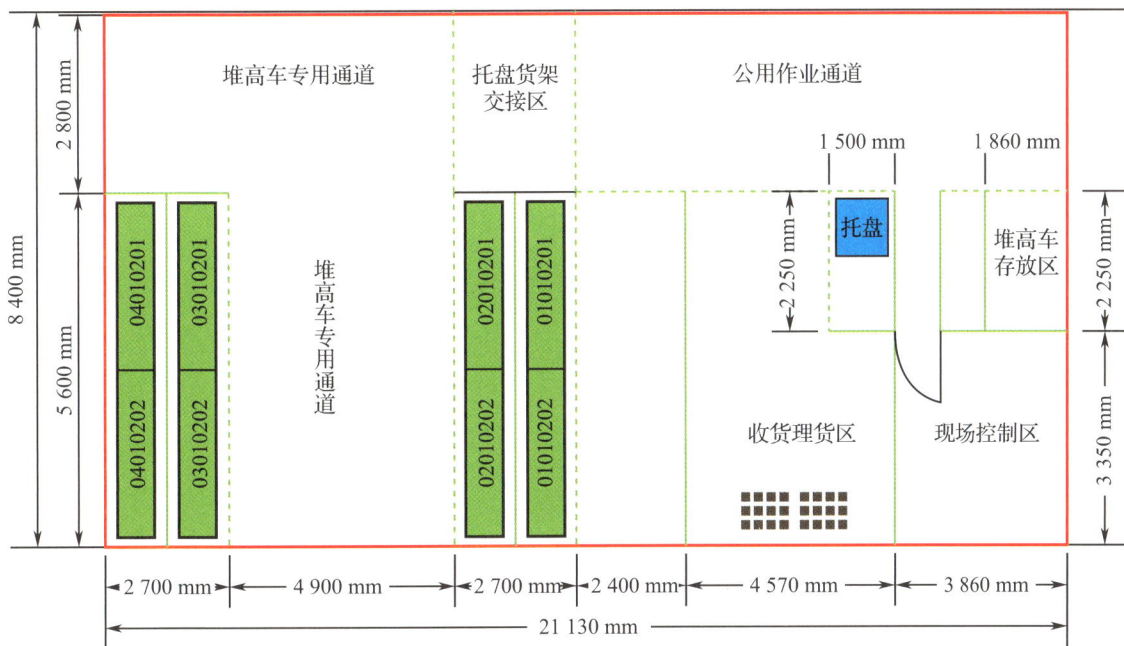

图 3-61　半电动堆高车操作任务场地布置图

任务准备

任务准备 1：半电动堆高车由哪几部分构成？

半电动堆高车主要由以下几部分构成（见图3-62）。

图 3-62　半电动堆高车构造示意图

1. 防护网

在半电动堆高车作业过程中，防护网可以起到防护、保护作用，一定程度上防止货物掉落，保证操作人员的人身安全。

2. 升降链条

升降链条是支撑货叉架和货物重量并带动货叉架运动的重要构件，需要定期对升降链条进行润滑保养。

3. 扶手

通过操纵扶手可以对半电动堆高车进行前进或后退操纵。

4. 手柄

通过操纵手柄可以对半电动堆高车进行转向操纵。

5. 蓄电池

半电动堆高车由蓄电池提供动力，仪表面板会显示蓄电池的电量，如果蓄电池电量不足，要及时充电。

6. 脚刹

半电动堆高车进行升降作业和停车时，要踩下脚刹，让半电动堆高车处于制动状态。

7. 门架

门架由内门架和外门架组成，是由两个垂直支柱和上横梁焊接而成的。

8. 货叉架

货叉架是半电动堆高车的工作装置，是提升货物的机构。

9. 货叉

货叉是半电动堆高车的取物装置，货叉的水平段是叉放货物的工作部分，垂直段是支撑货物的工作部分。

10. 升降操纵杆

往上推升降操纵杆，货叉上升；向下按压升降操纵杆，货叉下降。

11. 钥匙开关

使用时打开钥匙开关，设备使用完毕，要将钥匙开关关闭。

12. 转向轮

半电动堆高车的车轮选用具有特殊工艺的尼龙或聚氨酯轮制成，耐磨、耐压、静音。手动控制，操作灵活、轻便。

🖐 任务准备2：半电动堆高车维护保养的注意事项有哪些？

（1）保持半电动堆高车车身的清洁。

（2）维修半电动堆高车电气系统时，通电电子元件如果碰到金属，易造成短路或燃烧。所以，维修时须摘下手表或其他金属饰物。

（3）半电动堆高车维修前，先拔掉电源插座，断开电源。

（4）在打开左右箱盖或电气系统前，应关闭半电动堆高车的钥匙开关。

（5）在检查液压系统前，应使货叉下降，释放系统压力。

（6）检查车体漏油状况时，请用纸或硬纸板揩拭，切勿用手直接接触，以免烫伤。

（7）传动装置或液压系统中油温可能较高，应先使半电动堆高车冷却，然后再更换齿轮油或液压油，以防油温过高导致燃烧。

（8）液压系统应加注新的清洁油。如果液压油不干净，会影响精密的液压元件，使整个液压系统能力降低。如果采用不同牌号的液压油，会对液压元件产生损害，也会影响系统能力。所以在添加或更换液压油液时，注意使用统一牌号。

（9）请遵守有关法规，保护环境，按规定储存和排放油料，不要将其排放到下水管道。

（10）车体焊接，要断开蓄电池电源。因为焊接时，焊接电流可能进入蓄电池，为避免此类情况的发生，请切断蓄电池。

（11）在半电动堆高车下方工作时，半电动堆高车应用支架撑牢。

扫一扫

请扫一扫如图 3-63 所示的二维码，了解半电动堆高车的常见故障及故障排除办法。

图 3-63　半电动堆高车的常见故障及故障排除办法

任务执行

步骤 1：戴好安全帽，进行车检

操作半电动堆高车前需要戴好安全帽，并检查以下项目：

（1）各螺栓紧固可靠，无缺失、松动现象；

（2）链条完整、润滑良好，链片无损坏、扭曲现象；

（3）提升导向轮润滑、紧固可靠，无磨损、裂缝现象；

（4）各运动部位润滑良好，如出现磨损情况应及时调整、维修。

步骤 2：领取设备

打开钥匙开关，松开脚刹，取出半电动堆高车（见图 3-64），将半电动堆高车运行至托盘货架交接区。

👆 步骤 3：叉取托盘货物

将半电动堆高车运行至托盘货架交接区，叉取指定的托盘货物，然后将托盘货物搬运至托盘货架区 02010201 货位前，如图 3-65 所示。

图 3-64　取出半电动堆高车

图 3-65　将托盘货物搬运至托盘货架区 02010201 货位前

👆 步骤 4：上架操作

半电动堆高车到达托盘货架区 02010201 后，踩住脚刹，将货叉提升至指定货架第二层；然后松开脚刹，对准 02010201 货位，将托盘货物推至货位上方；踩住脚刹，缓慢放下货叉，将托盘货物放在 02010201 货位上，并注意货叉不要撞击货架，如图 3-66 所示。

👆 步骤 5：下架操作

上架任务完成后，将半电动堆高车运行至托盘货架区 03010202 货位前，踩好脚刹，将货叉提升至下架货位高度；松开脚刹，将半电动堆高车推到需要下架的托盘插槽内；踩下脚刹，微提货叉，注意货叉不要提升过快，以免碰撞货架；驶离货架，并将托盘货物放置在托盘货架交接区，如图 3-67 所示。

图 3-66　半电动堆高车上架操作

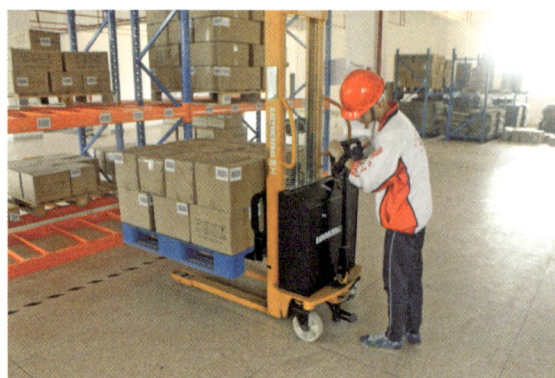

图 3-67　半电动堆高车下架操作

步骤 6：设备归位

作业完毕，将半电动堆高车拉回设备存放区，踩好脚刹，将货叉降至最低位置，关闭钥匙开关，并归还安全帽，如图 3-68 所示。

图 3-68　设备归位

步骤 7：日常维护保养

1. 车身清洁

每天作业结束后，应该使用干净的湿抹布擦拭半电动堆高车，让半电动堆高车保持干净。

2. 车辆润滑

要定期对半电动堆高车的所有可动部分进行润滑。

3. 蓄电池保养

半电动堆高车蓄电池维护保养应该做到以下几点。

（1）为保证蓄电池寿命，蓄电池投入使用前应充足电，充电不足的电池不可使用。

（2）蓄电池尽量避免过充和过放。蓄电池过充和过放会严重影响蓄电池的性能和使用寿命。

（3）充电时应保持良好的通风，严禁烟火。

（4）出现下列情况，电池需做均衡充电（所谓均衡充电，就是均衡电池特性的充电，是指在电池的使用过程中，因为电池的个体差异、温度差异等原因造成电池端电压不平衡，为了避免这种不平衡趋势的恶化，需要提高电池组的充电电压，对电池进行活化充电）：

① 正常使用的蓄电池每 3 个月应该进行一次均衡充电；

② 长时间搁置未使用的蓄电池，再次使用前应进行均衡充电；

③ 蓄电池组中存在"落后电池"（落后电池是指充放电过程中电压值低于其他电池或因故障检修过的电池），应对"落后电池"单独进行均衡充电。

（5）均衡充电方法如下：

① 先进行普通充电；

② 充电至充足电状态时停充 1 h，再充电 1 h；

③ 按"步骤 2"重复数次直至充电机一合闸，电池内有气泡激烈发生时为止。

（6）电池不用时，储存期满一个月须按普通充电方法进行一次补充电。

（7）电池应避免阳光直射，离热源距离不得少于 2 m。

（8）蓄电池应避免与任何有害物质接触，任何金属杂质不得掉入蓄电池内。

任务评价

在完成上述任务后，教师组织进行三方评价，并对学生任务执行情况进行点评。学生完成如表 3-4 所示"半电动堆高车操作与保养"任务评价表的填写。

表 3-4 "半电动堆高车操作与保养"任务评价表

任 务		评价得分			
任务组	成员				
评价任务	分值 / 分	自我评价（占 20%）	他组评价（占 30%）	教师评价（占 50%）	合计（占 100%）
评价标准 进行车检	10				
领取设备	10				
叉取托盘货物	10				
上架操作	20				
下架操作	20				
设备归位	10				
日常维护保养	20				
合 计	100				

任务五 电动叉车操作与保养

任务展示

1. 请扫一扫如图 3-69 所示的二维码，预习本任务的学习资料。

2. 叉车驾驶员按指定场地（见图 3-70）进行作业。要求：①叉车驾驶中不允许挂高速挡；②叉车驾驶过程中轮胎不得压线或超出指定区域；③叉车驾驶过程中不得撞到或撞倒障碍物；④作业完成后，将叉车驶回车库，车辆不得超出车库边界。⑤作业结束后，对电动叉车进行日常维护保养。指定路线如下所示：

图 3-69 本任务学习资料

（1）从车库出车到【区1】叉取一个空托盘放置在【区3】的指定位置，如图3-70所示；

（2）到【区2】取一个载货托盘（2层货物）到【区3】进行托盘堆叠，如图3-70所示；

（3）托盘堆叠完成后，将叉车驶回车库，如图3-70所示。

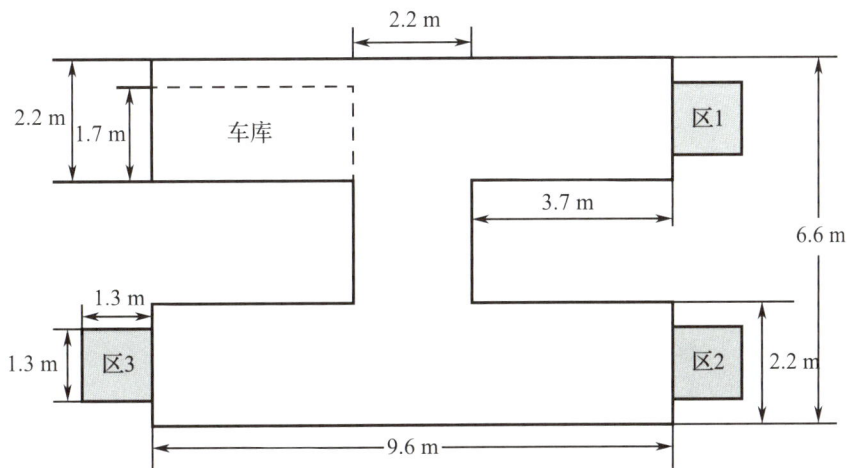

图 3-70　电动叉车操作任务场地图

任务准备

任务准备1：电动叉车由哪几部分构成？

电动叉车的主要组成部分有动力装置、传动装置、工作装置、操作装置、液压装置和电气装置等。

（1）动力装置：叉车动力装置的作用是给叉车工作装置装卸货物和轮胎底盘运行提供所需动力，一般装于叉车的后部起平衡配重作用，是将热能转换为机械能的机械。

（2）传动装置：传动装置的功能是将动力装置（发动机）输出的动力传递给液压泵和驱动车轮，以实现叉车的升降、倾斜和行驶。

（3）工作装置：叉车的工作装置也称起升系统，是叉车总体结构的一个重要组成部分，它是叉车进行装卸的工作部分，它承受全部货重，并完成货物的叉取、升降、堆放等工序。目前我们常用的电动叉车属于门架式叉车，其工作装置如图3-71所示。

（4）操作装置：操作装置包括转向系统和制动系统两部分。基本作用是改变叉车的行驶方向，降低运行速度或迅速停车，以保证装卸作业的安全需要。电动叉车的操作装置示意图如图3-72所示。

（5）液压装置：包括油箱、液压泵、分配器、提升液压缸、倾斜液压缸。它是对货物的升降和门架的倾斜及对其他由液压系统完成的动作实现适时控制装置的总和。其功能是实现货物的升降、倾斜等动作。

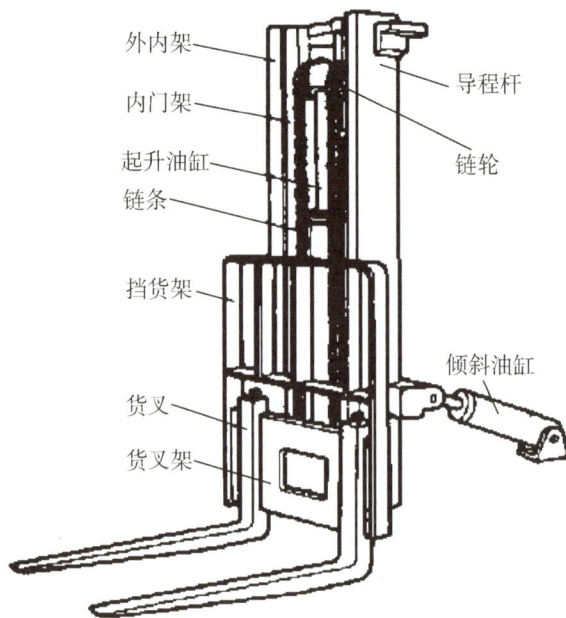

图 3-71　门架式叉车的工作装置

①——换向操纵杆
②——手制动操纵杆
③——灯光开关
④——钥匙开关
⑤——转向灯开关
⑥——喇叭开关
⑦——方向盘倾角调整杆
⑧——方向盘
⑨——升降操纵杆
⑩——倾斜操纵杆
⑪——加速踏板
⑫——制动踏板
⑬——脚喇叭开关

图 3-72　电动叉车的操作装置示意图

（6）电气装置：包括电源部分和用电部分，主要有蓄电池、发电机、启动电动机（电瓶叉车有串激直流电机）、调速度转拨器、点火装置、照明装置、信号灯、报警灯和喇叭等。电动叉车仪表面板是与电控总成配套使用的组合仪表，它的控制功能由单片机实现，分为主控制板和继电器板两部分，装配在仪表的壳体内，主要实现辅助控制功能，并提供驾驶员车辆工况显示界面。它由电池电量表、小时计及 11 只指示灯组成。电池电量表显示蓄电池电量状态具有超下限报警功能，小时计显示运行时间累计值，11 只指示灯分别是仪表电源指示、故障指示、电池状态指示、手闸状态指示、前进状态指示、后退状态指示、空挡状态指示、左转向指示、右转向指示、大灯指示、示宽灯指示。手闸、故障、空挡指示为红色，其他均为绿色，具体如图 3-73 所示。

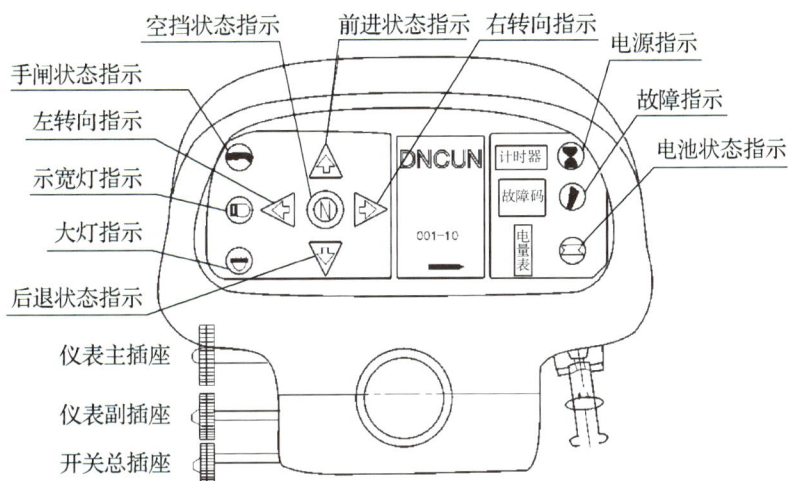

图 3-73　电动叉车仪表面板布置示意图

👍 任务准备 2：电动叉车安全操作的注意事项有哪些？

为确保人身及设备安全，叉车学员在叉车操作过程中应遵守下列注意事项：

（1）只有经过培训并在持有驾驶执照的叉车教练指导下才允许操作叉车；

（2）在开车前检查各控制和警报装置，如发现损坏或有缺陷时，应在修理后操作；

（3）检查护顶架、挡货架，如发现损坏或有缺陷时，应及时修理或更换；

（4）上、下叉车时请使用叉车的安全踏板和安全扶手；

（5）坐稳后方可操作叉车，启动前调整好座椅位置，方便手、脚操纵；

（6）座椅上配有安全带，启动前系好安全带，并戴好安全帽；

（7）在开电源时，勿踩下加速踏板或操作多路阀操纵杆；切勿同时踩下制动踏板和加速踏板，否则会损坏行走电机；

（8）搬运时负荷不应超过规定值，货叉须全部插入货物下面，并使货物均匀地放在货叉上，不能用单个叉尖挑物；

（9）平稳地进行启动、转向、行驶、制动和停止，禁止急刹车、急转弯，紧急制动有车辆倾翻的危险；

（10）装物行驶时，一般货叉距地面 30～40 cm，门架后倾；行驶过程中注意不要让货叉触及地面，以免弄坏叉尖和路面；

（11）坡道行驶时，应小心行驶，在大于 1/10 的坡道上负载行驶时，上坡应向前行驶，下坡应后退行驶，上、下坡忌转向，叉车在行驶时，请勿进行装卸作业；

（12）不准人站在货叉上，车上不准载人；

（13）不准人站在货叉下面或在叉下行走；

（14）不准从司机座以外的位置上操纵车辆和属具；

（15）勿让叉车的电量耗尽至叉车不能移动时才进行充电，这样会使电瓶寿命缩短；

（16）叉车电瓶内部会产生爆炸性气体，绝对禁止火焰、火花接近电瓶，绝对禁止吸烟，否则会引起爆炸；

（17）叉车电瓶带有高电压和能量，切勿让工具接近电瓶两极，以免引起火花或短路；

（18）保持头、手、臂、腿和脚在车体轮廓内，无论什么理由都不要伸出；

（19）离车时，将货叉下降着地，并将换向操纵杆放在空挡，断开电源，拉紧驻车制动器（手刹）；

（20）叉车发生故障时，必须先将叉车安全停靠，再悬挂"危险"或"故障"标志于车上，最后取下钥匙，同时报告教练。只有在故障排除后，才能使用叉车。

任务准备3：电动叉车发生倾翻时如何进行自我保护？

叉车倾翻时在安全带的保护下坐在车上比跳车更能保护自己。如果发生叉车倾翻请不要跳车，因为叉车的翻转速度比跳车的速度要快得多。请按照如下指示保护自己：①脚踏紧并握紧方向盘；②不要跳车；③身体向倾翻反方向弯靠；④身体向前靠。

扫一扫

请扫一扫如图3-74所示的二维码，了解电动叉车蓄电池的维护保养。

图3-74　电动叉车蓄电池的维护保养

任务执行

步骤1：检查车辆，规范上车

（1）电动叉车启动前进行检查。

电动叉车启动前应检查门架、前后轮胎和仪表。

（2）规范上车。

上车动作：叉车驾驶员佩戴好安全帽，按规范巡检（电动叉车巡检项目为门架、前后轮胎、仪表）完后，左手扶安全扶手、右手扶座椅、左脚蹬踏安全踏板，坐上叉车驾驶座，正确系上安全带，如图3-75和图3-76所示。

图 3-75　左脚蹬踏安全踏板

图 3-76　正确系上安全带

　　驾驶姿势：叉车驾驶员左手握住方向盘，右手轻放在升降操纵杆和倾斜操纵杆上。上体要保持端正、自然，两眼注视驾驶方向道路情况。

步骤 2：叉车起步

　　电动叉车的起步流程如图 3-77 所示：①打开电源总开关；②挂前进挡；③鸣笛；④松开驻车制动（手刹）；⑤将货叉升至距地面 30～40 cm；⑥门架后仰；⑦踩加速踏板；⑧叉车起步。

步骤 3：叉车驾驶

　　驾驶电动叉车时要做到：目视前方，看远顾近，注意两旁，尽量行驶在路中央。当叉车方向发生偏斜时，要及时修正方向盘。

步骤 4：叉取托盘

　　叉车叉取作业应遵循"8 步法"，具体内容如下。

　　（1）驶进货垛：叉车起步后，操纵叉车行驶至货垛前面，进入作业位置，如图 3-78 所示。

图 3-77　电动叉车的起步流程

图 3-78　驶进货垛

　　（2）垂直门架：操纵门架倾斜操纵杆，使门架处于垂直（或货叉水平）位置，如

图 3-79 所示。

（3）调整叉高：操纵货叉升降操纵杆，调整货叉高度，使货叉与货物底部空隙同高，如图 3-79 所示。

（4）进叉取货：操纵叉车缓慢向前，使货叉完全进入货物底下，如图 3-80 所示。

图 3-79　垂直门架及调整叉高

图 3-80　进叉取货

（5）提升货叉：操纵货叉升降操纵杆，使货物向上起升而使货物离开货垛，如图 3-81 所示。

（6）后倾门架：操纵门架倾斜操纵杆，使门架后倾，防止叉车在行驶中货物散落，如图 3-81 所示。

图 3-81　提升货叉、后倾门架

（7）驶离货垛：操纵叉车倒车而离开货垛。

（8）调整叉高：操纵货叉升降操纵杆，调整货叉的高度，使其距地面一定高度（一般为 30～40 cm）。

步骤5：托盘堆叠

叉车堆叠作业应遵循"8步法"，具体内容如下。

（1）驶进货位：叉车叉取货物后行驶到托盘堆叠位置，准确进行托盘堆叠。

（2）调整叉高：操纵货叉升降操纵杆，使货叉起升（或下降），而超过货垛（或货位）高度。

（3）进车对位：操纵叉车继续向前，使托盘位于货垛（或货位）的上方，并与之对正。

（4）垂直门架：操纵门架操纵杆，使门架向前处于垂直位置。

（5）落叉卸货：操纵货叉升降操纵杆，使货叉慢慢下降，将所叉托盘货物放于货垛（或货位）上，并使货叉离开货物底部，如图 3-82 所示。

（6）退车抽叉：叉车起步后倒，慢慢离开货垛，如图 3-83 所示。

图 3-82　落叉卸货

图 3-83　退车抽叉

（7）后倾门架：操纵门架向后倾斜。

（8）调整叉高：操纵货叉起升或下降至正常高度，驶离货堆。

步骤 6：停车入库（见图 3-84）

图 3-84　停车入库

电动叉车的停车流程为：①减速停车；②门架回位；③车轮回正；④拉紧驻车制动；⑤方向开关回位；⑥关闭电锁；⑦切断总电源；⑧拔掉钥匙，规范下车。

平稳停车的关键在于根据车速快慢，用适当、均匀的力度踏踩制动踏板，特别是当电动叉车将要停住时，要适当放松一下制动踏板，然后再稍加压力，叉车即平稳停车。

步骤7：日常维护保养

电动叉车的日常维护保养主要有以下项目。

（1）叉车清洁：清洗电动叉车上的泥土和污垢，重点部位是货叉架及门架滑道、发电机及启动器、蓄电池组、空气滤清器。

（2）检查渗漏情况：重点检查各管接头、制动泵、升降油缸、水箱，发动机、变速器、驱动桥、压转向器、转向油缸等。

（3）轮胎气压检查：不足应补充至规定值，确认不漏气。检查轮胎接地面和侧面有无破损，轮辋是否变形。

（4）聚氨酯轮胎检查：检查路面状况，看轮胎是否有较大程度的磨损，安装有花纹的轮胎时，应注意车轮滚动方向的标记。

（5）制动液、水量检查：查看制动液是否在刻度范围内，并检查制动管路内是否混入空气。添加制动液时，防止灰尘、水混入。向水箱加水时，使用清洁自来水，若使用了防冻液，应回流同样的防冻液。水温高于70 ℃时，打开水箱盖，打开盖子时，垫一块薄布，不要带套拧水箱盖。

（6）电解液检查（见图3-85）：电瓶电解液要处在上下刻度线之间，不足则要加蒸馏水到顶线。

（7）制动跳板、手制动检查：踩下各踏板，检查是否有迟钝或卡阻的异常现象。确认电动叉车手制动的安全性和可靠性。

（8）皮带、喇叭、灯光、仪表等检查：检查电动叉车皮带松紧度是否符合规定，如果没有调整余量或破损有裂纹，须更换；喇叭、灯光、仪表均应正常有效。

（9）蓄电池维护：电动叉车在使用中应特别注意及时对蓄电池进行充电和维护，蓄电池充电时要注意方法，既要使蓄电池充足电，又不能造成蓄电池过量充电。发现电量不足时，应使用电动叉车智能充电机（见图3-86）尽快给蓄电池充电（见图3-87），防止蓄电池过量放电。

图3-85　电解液检查

图3-86　电动叉车智能充电机

（10）查看各部位的牢固情况：重点检查货叉架、起重链拉紧螺丝、车轮螺钉、车轮固定销、制动转向器螺钉。

（11）加注润滑油（见图3-88）：对各润滑部位油嘴加注黄油。

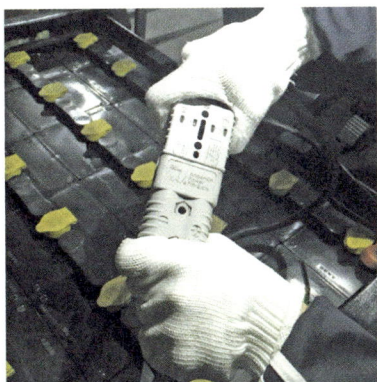

图 3-87　蓄电池充电

图 3-88　加注润滑油

任务评价

在完成上述任务后，教师组织进行三方评价，并对学生任务执行情况进行点评。学生完成如表3-5所示"电动叉车操作与保养"任务评价表的填写。

表 3-5　"电动叉车操作与保养"任务评价表

任　　务			评 价 得 分			
任务组		成员				
评价任务		分值 / 分	自我评价（占 20%）	他组评价（占 30%）	教师评价（占 50%）	合计（占 100%）
评价标准	规范上车	5				
	叉车起步	10				
	叉车驾驶	20				
	叉取托盘	20				
	托盘堆叠	20				
	规范停车	5				
	日常维护保养	20				
合　　计		100				

思政课堂

请扫一扫如图3-89所示的二维码，进行项目三思政课堂的学习。

图 3-89　项目三思政课堂

| 项目四 |

智能物流设备应用

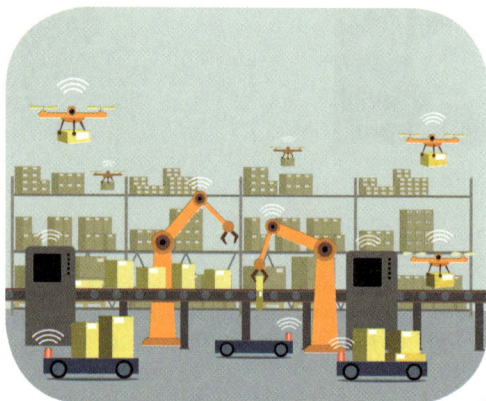

在本项目中，我们将物流信息设备应用分成4个任务，分别是常用物流信息设备辨识、条形码打印机应用、智能扫描设备应用、智能快递柜应用。

项目目标

知识目标	1. 了解物流信息设备的定义。 2. 掌握条形码打印机的构成和安装步骤。 3. 了解智能扫描设备的定义。 4. 了解常见智能扫描设备的应用技术。 5. 了解智能快递柜的定义、构成及功能。
技能目标	1. 能够辨识常用的物流信息设备。 2. 能够熟练操作条形码打印软件，并能安装条形码打印机。 3. 能够熟练应用常见的智能扫描设备。 4. 能够熟练应用常见的智能快递柜。
素质目标	1. 培养学生求真务实、精益求精的职业精神。 2. 培养学生创新意识。 3. 培养学生严谨的工作态度和良好的团队合作精神。

任务一　常用物流信息设备辨识

任务展示

1. 请扫一扫如图 4-1 所示的二维码，预习本任务的学习资料。

2. 晋江明鸿有限公司有一间空置的单层厂房，现计划将其改造成一间仓库出租给某知名饮料公司，作为该公司在当地的零售配送仓库。经过前期的土建改造，将该厂房改造成整体高度为 9 m 的单

图 4-1　本任务学习资料

层仓库，库内净高 7.5 m，库房总建筑面积 8 000 m²，仓库平面图如图 3-2 所示。随着前面任务的完成，改建后的外租仓库已经基本具备了交付使用的条件。现在，租赁方某知名饮料公司又提出了新的要求，要求该仓库要配备必要的物流信息设备，能通过使用计算机技术、通信技术、网络技术等先进的信息技术手段，实现物流信息的有效搜集与处理，从而提高物流活动的效率与快速反应能力。

任务准备

任务准备 1：什么是智能物流？

智能物流就是利用条形码、射频识别技术、传感器、全球定位系统等先进的物联网技术，通过信息处理和网络通信技术平台，广泛应用于物流业运输、仓储、配送、包装、装卸等基本活动环节，实现货物运输过程的自动化运作和高效率优化管理，提高物流行业的服务水平，降低成本，减少自然资源和社会资源消耗。物联网为物流业将传统物流技术与智能化系统运作管理相结合提供了一个很好的平台，进而能够更好、更快地实现智能物流的信息化、智能化、自动化、透明化、系统的运作模式。智能物流在实施的过程中强调的是物流过程数据智慧化、网络协同化和决策智慧化。智能物流在功能上要实现 6 个"正确"，即正确的货物、正确的数量、正确的地点、正确的质量、正确的时间、正确的价格，在技术上要实现物品识别、地点跟踪、物品溯源、物品监控、实时响应。智能物流技术包括自动识别技术、数据挖掘技术、人工智能技术、地理信息系统（Geographic Information System，GIS）技术等。

任务准备 2：如何辨识条形码打印识读设备？

对物流信息进行实时、准确采集，是物流信息自动化管理的要求。实现自动识别及数据自动录入，就是对货物在出库、入库、分拣、运输等过程中的各种信息进行及时捕捉与获取，以解决数据录入和数据采集的问题。条形码技术就是在计算机的应用实践中产生和发展起来的一种自动识别技术，提供了一种对货物进行标识和描述的方法。条形码技术需要使用的设

备包括条形码打印设备和条形码识读设备。

图 4-2　条形码打印机

1. 条形码打印设备

条形码打印机（见图 4-2）简称条码机，也称为标签印刷机和标签机，是一种以压敏胶黏剂标签、PET标签、吊牌、水洗布等为打印介质，能够大量快速打印条形码（包括流水号）、文字、符号、图片的专业打印设备。

条形码打印机和普通打印机的最大区别是条形码打印机的打印是以热为基础，以碳带为打印介质（或直接使用热敏纸）完成打印，配合不同材质的碳带可以实现高质量的打印效果和在无人看管的情况下实现连续高速打印。

2. 条形码识读设备

条形码识读设备是专门用来读取条码信息的物流信息设备。它是用一个光学装置将条形码的条空信息转换成电子信息，再由专用译码器翻译成相应的数据信息。

条形码扫描设备从原理上可分为光笔、CCD 扫描器和激光扫描器三类；从操作方式上可分为手持式（如 CCD 扫描器和图 4-3 所示的 RF 手持终端）和固定式两种；从扫描方式上可分为接触式和非接触式两种条码扫描器，接触式识读设备如光笔和卡槽式条码扫描器，非接触式识读设备如 CCD 扫描器和激光扫描器。

（1）光笔（见图 4-4）：是最先出现的一种手持接触式条形码识读器，也是最为经济的一种条码阅读器，其外形像一支笔。使用时，操作者需将光笔接触到条形码表面，通过光笔的镜头发出一个很小的光点，当这个光点从左到右划过条形码时，在"空"的部分，光线被反射，在"条"的部分，光线被吸收，因此在光笔内部产生一个变化的电压，这个电压通过放大、整形后用于译码。

图 4-3　RF 手持终端

图 4-4　光笔

（2）CCD 扫描器（见图 4-5）：是一种不直接接触条形码也可辨读的条形码识读器，性能可靠，寿命较长，且价格便宜。CCD 扫描器通常有两种类型：一种是手持式 CCD 扫描器；另一种是固定式 CCD 扫描器（见图 4-6）。

图 4-5　CCD 扫描器　　　　图 4-6　固定式 CCD 扫描器

（3）激光扫描器：是一种远距离条形码识读器，因其性能优越，被广泛应用。激光扫描器分为手持与固定两种形式：手持激光扫描器连接方便、简单，使用灵活，固定式激光扫描器适用于阅读量较大、条形码较小的场合，能有效提高条形码读取的速度。

👍 任务准备 3：如何辨识射频识别设备？

射频识别技术（Radio Frequency Identification，RFID），又称电子标签、无线射频识别技术，是一种利用无线电波进行非接触双向通信的自动识别技术。

根据不同的应用要求与环境情况，组成射频识别系统的设备也会有所不同，但从射频识别系统的基本工作原理来看，系统的主要设备一般由信号发射器（电子标签）、信号接收器（阅读器）、天线和相应的计算机系统组成，如图 4-7 所示。

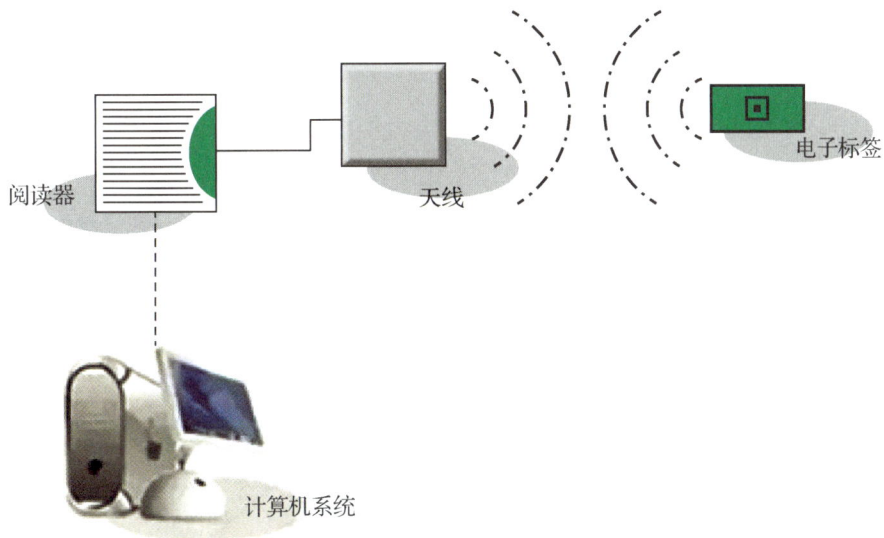

图 4-7　射频识别技术组成部分

1. RFID 电子标签

RFID 系统中，信号发射机为了不同的应用目的，会以不同的形式存在，典型的形式是电子标签，如图 4-8 所示。电子标签相当于条形码技术中的条形码符号，用来存储需要识别传输的信息。与条形码不同的是，电子标签必须能够自动或在外力的作用下，把存储的信息主动发射出去。电子标签与普通的条形码相比有许多优点，如容量较多、通信距离长、难以复制、对环境变化有较高的容忍度、可同时进行多个标签的读取等。但是由于现在制造成本较高，因此目前国内还没有广泛运用。

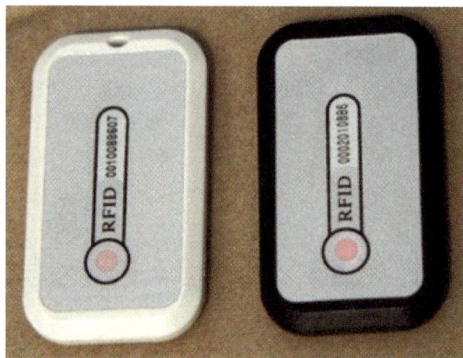

图 4-8　电子标签

2. RFID 阅读器

RFID 系统中的信号接收器称为阅读器、读写器，它通过天线与 RFID 电子标签进行无线通信，可以实现对标签识别码和内存数据的读出或写入操作，并与后台的管理系统进行数据交换，再由后台管理系统对数据进行处理。

目前使用的阅读器在结构及制造形式上千差万别，根据使用方式可以将阅读器分为固定式阅读器和便携式阅读器。

（1）固定式阅读器是最常见的一种读写器，如图 4-9 所示。它将射频控制器和高频接口封装在一个固定的外壳中，适用于小型、轻型、可移动货物的电子标签的识读。如门闸阅读器、隧道阅读器等。

（2）便携式阅读器也称为手持式阅读器，如图 4-10 所示，是适用于用户手持使用的一类射频电子标签读写设备，其工作原理与其他形式的读写器完全一样。便携式读写器一般带有 LCD 显示屏，并带有键盘面板，以便于操作或输入数据。

图 4-9　固定式阅读器

图 4-10　手持式阅读器

👍 任务准备 4：什么是 GNSS？

全球卫星导航系统（Global Navigation Satellite System，GNSS），是指能在地球表面或近地空间的任何地点为用户提供全天候的三维坐标、速度及时间信息的空基无线电导航定位的系统。

现在全球有四大卫星导航系统，包括中国的北斗卫星导航系统（BeiDou Navigation Satellite System，BDS）、美国的全球定位系统（Global Positioning System，GPS）、俄罗斯的格洛纳斯卫星导航系统和欧盟的伽利略卫星导航系统。

1. 北斗卫星导航系统的组成

北斗卫星导航系统（BDS）是中国着眼于国家安全和经济社会发展的需要，自主建设、独立运行的卫星导航系统，是为全球用户提供全天候、全天时、高精度的定位、导航和授时服务的国家重要空间基础设施。

北斗卫星导航系统由空间段、地面段和用户段三部分组成，如图 4-11 所示。空间段由空间数据处理中心、导航定位系统、低轨 DCS 星座、遥感探测系统组成；地面段包括接收站网、运控中心、管理服务平台、地面栅格信息网、数据处理中心等；用户段包括微小型终端、固定终端、移动终端等终端设备。

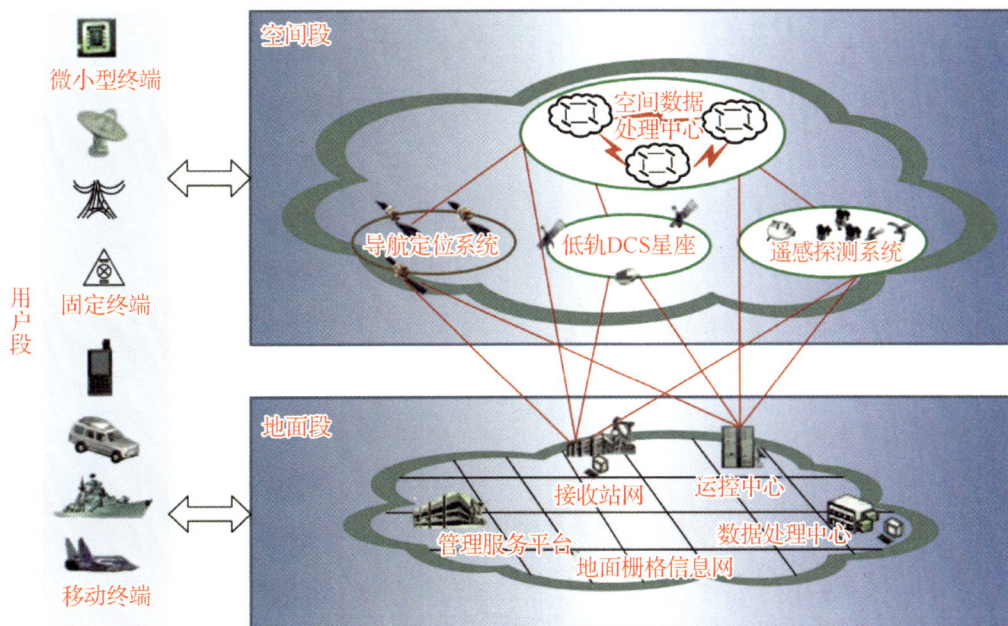

图 4-11　北斗卫星导航系统的组成

2. 北斗卫星导航系统的应用

北斗卫星导航系统的大众服务发展前景广阔。基于北斗卫星导航系统的导航服务已被电子商务、移动智能终端制造、位置服务等厂商采用，广泛进入中国大众消费、共享经济和民生领域，深刻改变着人们的生产生活方式。

电子商务领域：国内多家电子商务企业的物流货车及配送员应用北斗卫星导航系统车载终端和手环，实现了车、人、货信息的实时调度。

智能手机应用领域：国内外主流芯片厂商均推出兼容北斗卫星导航系统的通导一体化芯片。

智能穿戴领域：多款支持北斗卫星导航系统的手表、手环等智能穿戴设备，以及学生卡、老人卡等特殊人群关爱产品不断涌现，得到广泛应用。

2020年年初，新冠病毒感染疫情爆发。在危难时刻，北斗卫星导航系统火线驰援武汉市火神山和雷神山医院建设。通过利用北斗卫星导航系统高精度技术，多数测量工作一次性完成，为医院建设节省了大量时间，保障抗击疫情"主阵地"迅速完成建设，为抗击疫情贡献北斗智慧与力量。

中国始终秉持和践行"中国的北斗，世界的北斗"的发展理念，服务"一带一路"建设发展，积极推进北斗系统国际合作。与其他卫星导航系统携手，与各个国家、地区和国际组织一起，共同推动全球卫星导航事业发展，让北斗系统更好地服务全球、造福人类。

任务准备5：什么是GIS？

GIS是一种特定的十分重要的空间信息系统。在计算机硬、软件系统支持下，对整个或部分地球表层空间中的有关地理分布数据进行采集、存储、管理、运算、分析、显示和描述的技术系统。GIS由软件、硬件、数据和用户组成。

（1）软件：是支持数据采集、存储、加工、回答用户问题的计算机程序系统，是GIS系统的核心，按其功能分为GIS专业软件、数据库软件和系统管理软件等。

（2）硬件：是各种GIS设备的物质基础，用以存储、处理、传输和显示地理信息或空间数据，主要包括GIS主机、GIS外部设备、GIS网络设备等。

（3）数据：是GIS系统分析与处理的对象，也是构成系统的应用基础，它用来具体描述实体的空间特征、属性特征和时间特征。

（4）用户：是GIS服务的对象，分为一般用户和从事建立、维护、管理和更新的高级用户。

任务准备6：什么是电子数据交换（EDI）？

电子数据交换（Electronic Data Interchange，EDI），是由国际标准化组织（International Standardization Organization，ISO）推出使用的国际标准，是指一种为商业或行政事务处理，按照一个公认的标准，形成结构化的事务处理或消息报文格式，从计算机到计算机的电子传输方法，也是计算机可识别的商业语言。例如，国际贸易中的采购订单、装箱单、提货单等数据的交换。

任务准备7：什么是第五代移动通信技术（5G技术）？

第五代移动通信（5th generation mobile networks 或 5th generation wireless systems 或 5th-

Generation，5G）技术是最新一代蜂窝移动通信技术，也是既4G（LTE-A、WiMax）、3G（UMTS、LTE）和2G（GSM）系统之后的延伸。5G的性能目标是高数据速率、减少延迟、节省能源、降低成本、提高系统容量和大规模设备连接。5G网络正朝着网络多元化、宽带化、综合化、智能化的方向发展。

5G技术能够被广泛应用于物流中，主要是因为物流与物联网的紧密关系，5G海量接入的特性促进物联网在物流行业的应用，促进物流的智慧化发展。新一代物流具有复杂的架构体系，面向智慧化发展，同时具有短链和共生的特征，灵活兼容性强，因此5G技术使得新一代物流具有良好的接入特性和智慧特性。智慧化海量接入的物流体系主要有可视化智慧物流管理体系、智慧化供应链体系、智慧化物流追溯体系。

扫一扫

请扫一扫如图4-12所示的二维码，了解我国物流信息技术的发展趋势。

图4-12　我国物流信息技术的发展趋势

任务执行

步骤1：情况分析

改建后的外租仓库的租赁方——某知名饮料公司，将把本仓库作为该公司在当地的零售配送仓库。因此仓库配送将作为本仓库的主要业务活动。同时，租赁方提出要求配备必要的物流信息设备，能通过使用计算机技术、通信技术、网络技术等先进的信息技术手段，实现物流信息的有效搜集与处理，从而提高物流活动的效率与快速反应能力。

步骤2：物流信息系统功能分析

根据上述分析，在明确用户需求的基础上，可以为本仓库规划组建一个企业内部物流网络信息系统，对从收到供应商货物入库信息开始到货物入库、储存及接收客户订单，进行分拣、配送、签收，对整个流程进行全方面信息搜集、控制与管理。

步骤3：物流信息设备的确定

根据确定的企业内部物流信息系统，可以明确在货物运达、入库、储存、分拣配货阶段，需要的物流信息设备有条形码打印机、条码识读器、RF手持终端等；在配送阶段，需要使用GIS和GPS技术实现对配送车辆的实时监控与实时调度。

任务评价

在完成上述任务后，教师组织进行三方评价，并对学生任务执行情况进行点评。学生完成如表4-1所示"常用物流信息设备辨识"任务评价表的填写。

表4-1　"常用物流信息设备辨识"任务评价表

任　务			评价得分			
任务组		成员				
评价任务		分值/分	自我评价（占20%）	他组评价（占30%）	教师评价（占50%）	合计（占100%）
评价标准	辨识物流信息设备	30				
	任务分析	30				
	选配物流信息设备	40				
合　计		100				

任务二　条形码打印机应用

任务展示

1. 请扫一扫如图4-13所示的二维码，预习本任务的学习资料。

2. 在Bartender条形码打印软件中编辑储位条形码D00100和货物条形码6921168509256，并用条形码打印机将条形码打印出来。要求打印出来的条形码编辑合理、清晰美观。任务完成后，要关闭条形码打印机，并对条形码打印机进行日常维护保养。

图4-13　本任务学习资料

任务准备

👆 **任务准备1：条形码打印机由哪几部分组成？**

条形码打印机的外观及基本组成如图4-14所示。

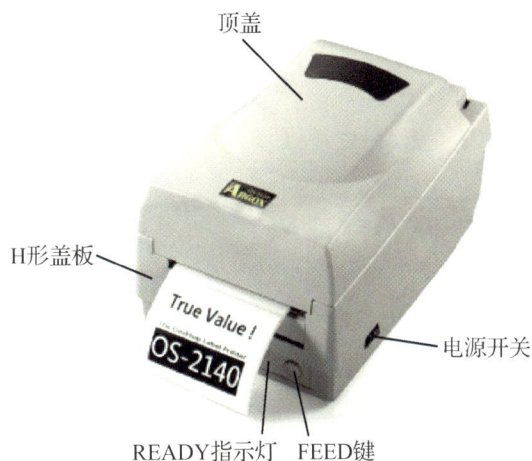

图 4-14　条形码打印机外观及基本组成

（1）FEED 键：打开电源开关，电源指示灯亮起，这时条形码打印机处于热机状态。当确认灯亮起时，条形码打印机就可以使用了。每次按下"FEED"键，都可以强制打印机送入一张空白条形码标签。

（2）电源开关：按下电源开关按钮，条形码打印机启动，电源指示灯亮起。再次按下电源开关按钮，条形码打印机关闭。

（3）READY 指示灯：条形码打印机 READY 指示灯会在以下情况闪烁：①条形码打印机启动时闪烁；②当打印机接收到来自计算机主机的数据时闪烁；③ READY 指示灯会在探测到【纸张用完】、【找不到纸张间隙】或【磁带用完】时闪烁；④开启打印头模块时闪烁。如果条形码打印机 READY 指示灯不亮，且打印机不能正常打印条形码，则说明条形码打印机需要进行清零操作。

（4）内部结构：条形码打印机内部结构（见图 4-15）包括纸卷仓、打印头模组、闭锁卡条、卡条、碳带供应轴等。

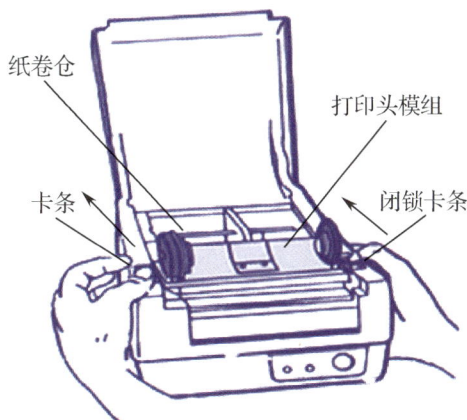

图 4-15　条形码打印机内部结构

① 打印头模组（见图 4-15）是条码打印机最重要的部件，打印的过程就是热敏电阻发

热将碳带上的碳粉转移到标签上的过程。条码打印头模组是条码打印机中最脆弱易损的器件，所以需要对打印头进行保养，才能延长其寿命。

② 碳带供应轴有两个，一个是碳带供应端，另一个是碳带回收端，具体如图4-16所示。

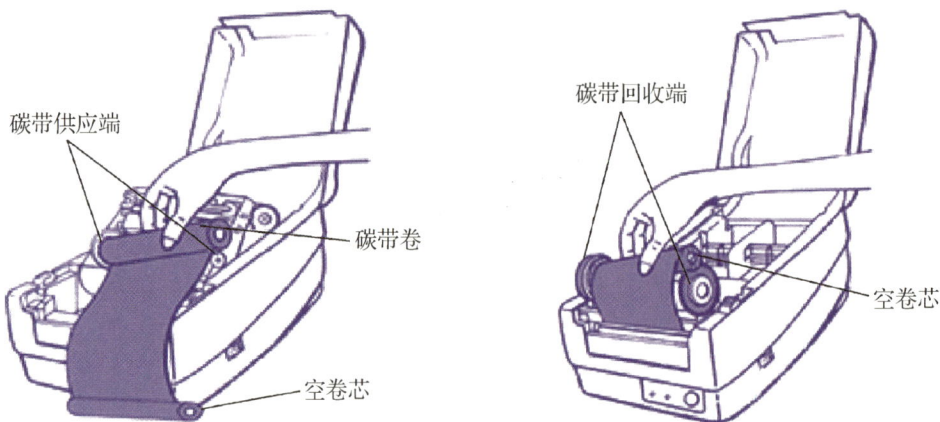

图 4-16　碳带供应轴

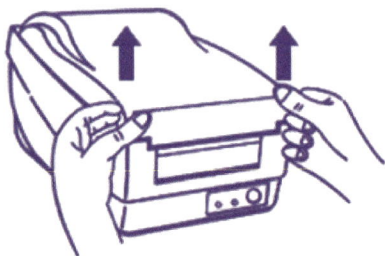

图 4-17　打开打印机顶盖

任务准备2：如何安装条形码打印机？

1.首先安装条形码打印机碳带

（1）打开打印机顶盖，露出纸卷仓，如图4-17所示。

（2）按下在打印机两侧的闭锁卡条，松开打印头模组，如图4-18所示。

（3）翻转打印头模组，露出碳带供应端，如图4-19所示。

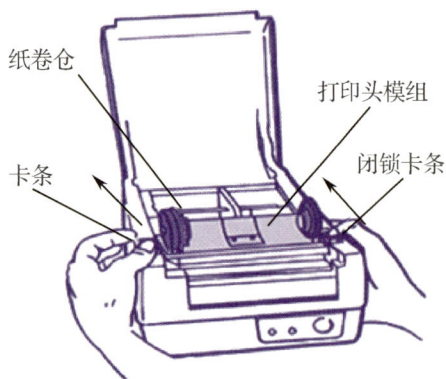

图 4-18　松开打印头模组

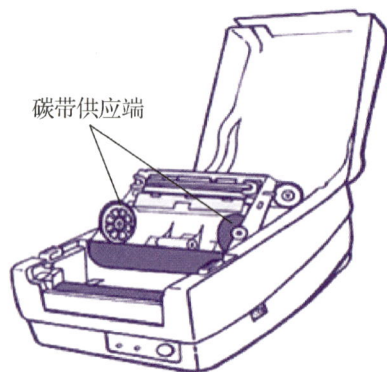

图 4-19　露出碳带供应端

（4）打开碳带卷，把碳带卷和空卷芯拆开。

（5）将碳带的一端少量地卷到空卷芯上。

（6）将碳带卷卡入碳带供应端（首先把碳带左端卡入供应端，然后再压入右端），如图4-20所示。

（7）翻下打印头模组，然后将空卷芯卡入碳带回收端（先把碳带左端卡入供应端，然后再压入右端），如图4-21所示。

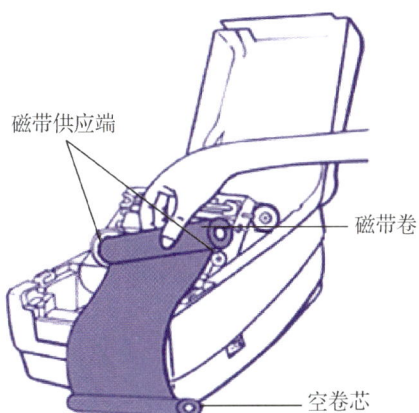

图 4-20 将碳带卷卡入碳带供应端

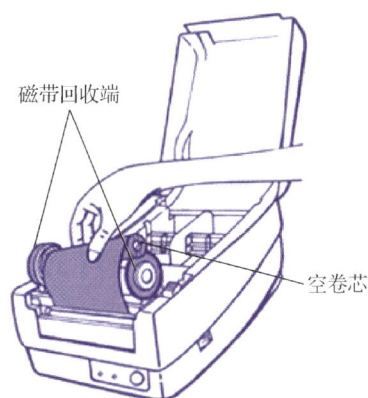

图 4-21 将空卷芯卡入碳带回收端

（8）转动打印头模组的滚轮，以确定碳带是否已经绷紧，如图 4-22 所示。

（9）按紧打印头模组，直到听到"咔"的一声，如图 4-23 所示。

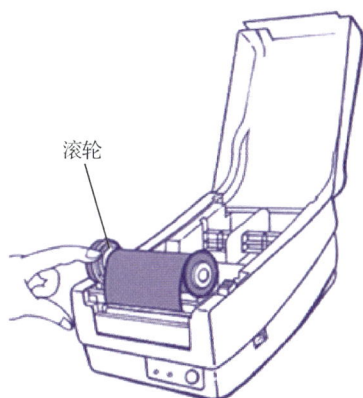

图 4-22 转动打印头模组的滚轮

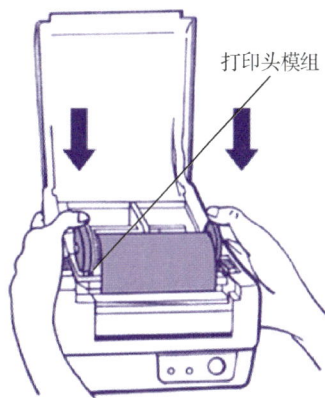

图 4-23 按紧打印头模组

2. 安装条形码打印机纸卷

（1）打开顶盖，露出纸卷仓。

（2）取出纸卷托架，如图 4-24 所示。

（3）把纸卷从左侧套入纸卷托架，如图 4-25 所示。

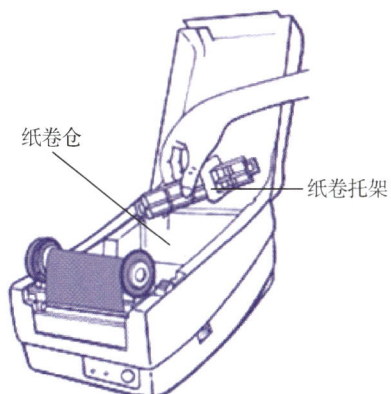

图 4-24 取出纸卷托架

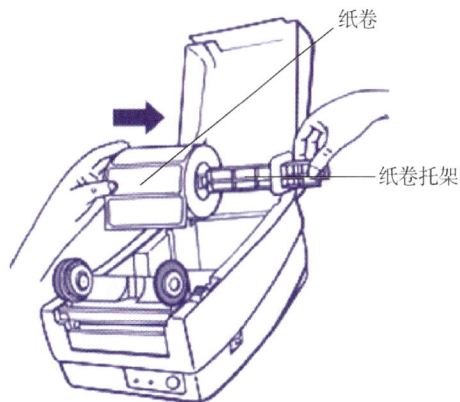

图 4-25 把纸卷从左侧套入纸卷托架

（4）把纸卷托架连同纸卷一起放回纸卷仓，如图 4-26 所示。

（5）将纸卷移到左侧，如图 4-27 所示。

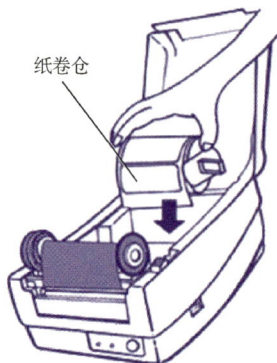

图 4-26　把纸卷托架连同纸卷一起放回纸卷仓

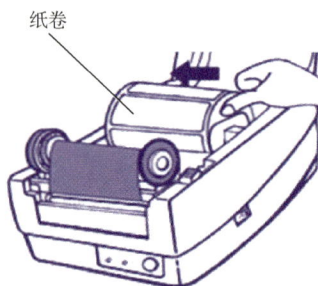

图 4-27　将纸卷移到左侧

（6）挡板向左靠紧纸卷，如图 4-28 所示。

（7）松开打印头模组。

（8）一只手托住打印头模组，使标签穿过。另一只手同时从标签导槽中拉出标签。

（9）让标签从滚轴上方穿过，如图 4-29 所示。

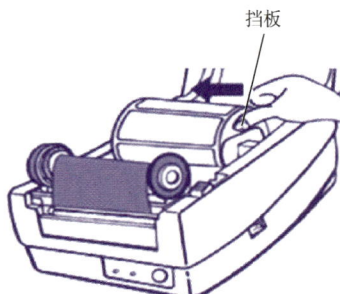

图 4-28　挡板向左靠紧纸卷

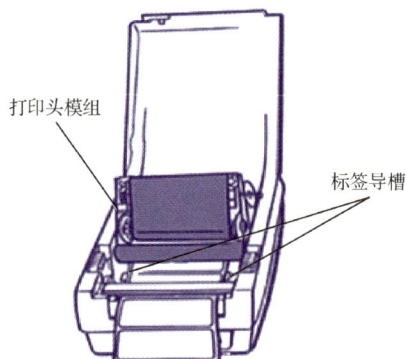

图 4-29　让标签从滚轴上方穿过

（10）盖回打印头模组，并向下按紧直到听到"咔"的一声，如图 4-30 所示。

（11）合上顶盖，打开电源开关，若打印机电源已接通，直接按下"FEED"键，如图 4-31所示。

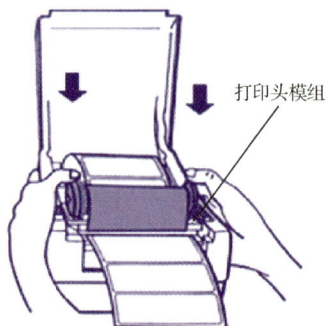

图 4-30　盖回打印头模组

图 4-31　直接按下"FEED"键

任务执行

步骤 1：安装 Bartender 软件

打开计算机，下载 Bartender 软件，解压并安装。

步骤 2：录入条码文本内容

单击"文本"，即可录入所需要的条码内容，图中所录入的是仓库货架的条码信息（D 货架的第 2 层第 1 位）。也可以在文本中录入商品条码信息，如图 4-32 所示。

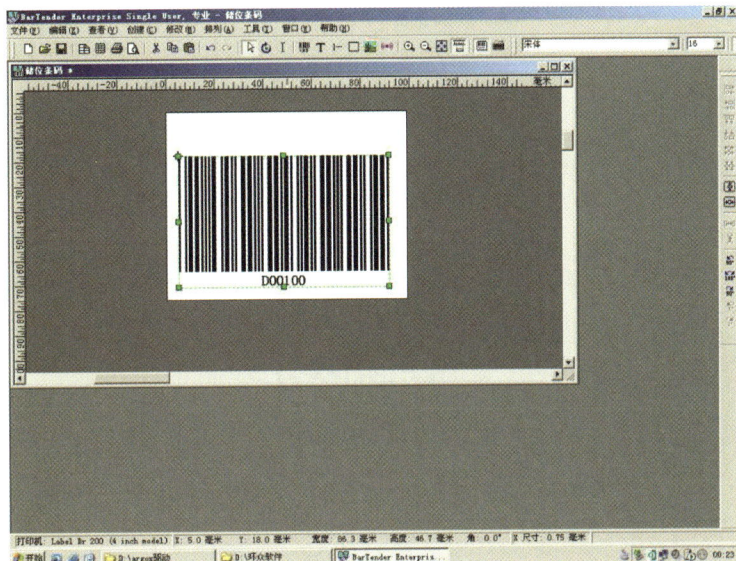

图 4-32　在文本中录入商品条码信息

步骤 3：打印数量设置

打印条形码时，有时并不是每条记录只打印一个标签。这时可以通过"打印"选项下的"记录选择"来控制，如图 4-33 所示。

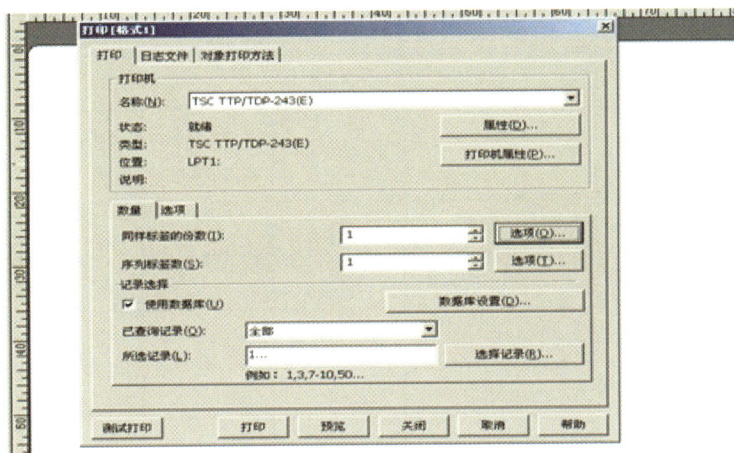

图 4-33　打印数量设置

步骤 4：日常维护保养

为了保证条形码打印机的质量和长久良好的性能，需要定期对其进行清洁，条形码打印机使用越频繁，就越应该经常清洁。日常维护保养主要从以下几个方面进行。

打印头的清洁：将打印头翻起，移除色带、标签纸，用浸有打印头清洗液的棉签（或棉布）轻擦打印头直至干净。

灰尘清洁：条形码打印机连续使用一段时间后，应该清除内部灰尘。

打印环境：条形码打印机不要放在潮湿、阳光直射、温差太大的环境中。

定期校验：建议每半年校验一次，确保正确性。

扫一扫

请扫一扫如图 4-34 所示的二维码，了解条形码打印机常见故障及排除办法。

图 4-34　条形码打印机常见故障及排除办法

任务评价

在完成上述任务后，教师组织进行三方评价，并对学生任务执行情况进行点评。学生完成如表 4-2 所示"条形码打印机操作与维护"任务评价表的填写。

表 4-2　"条形码打印机操作与维护"任务评价表

任　　务		评 价 得 分				
任务组		成员				
评价任务		分值 / 分	自我评价（占 20%）	他组评价（占 30%）	教师评价（占 50%）	合计（占 100%）
评价标准	软件安装设置	25				
	条形码打印	25				
	打印数量设置	25				
	日常维护保养	25				
合　　计		100				

任务三　智能扫描设备应用

任务展示

1. 请扫一扫如图 4-35 所示的二维码，预习本任务的学习资料。

2. 天猫超市将规划在北京市顺义区新建城市配送仓，占地面积大约为 2 000 m²，通过自动化作业设备主要完成的工作包括：①货物的批量入库和存储；②货物的拣选和配送；③日常仓库的管理。如果你是城市配送仓建设的主要负责人，你认为应该为新城市配送仓配备哪些基本的智能扫描设备？

图 4-35　本任务学习资料

任务准备

任务准备 1：什么是智能扫描设备？

智能扫描设备就是通过采用条形码、射频识别、传感器、全球定位系统等先进的物联网技术进行信息采集、核对等相关物流工作的装备，已被广泛应用于物流业运输、仓储、配送、包装、装卸等基本作业环节，实现了作业和管理的高效化，降低了物流行业成本。智能扫描设备在功能上要实现 6 个"正确"，即正确的货物、正确的数量、正确的地点、正确的质量、正确的时间、正确的价格，具体如图 4-36 所示。

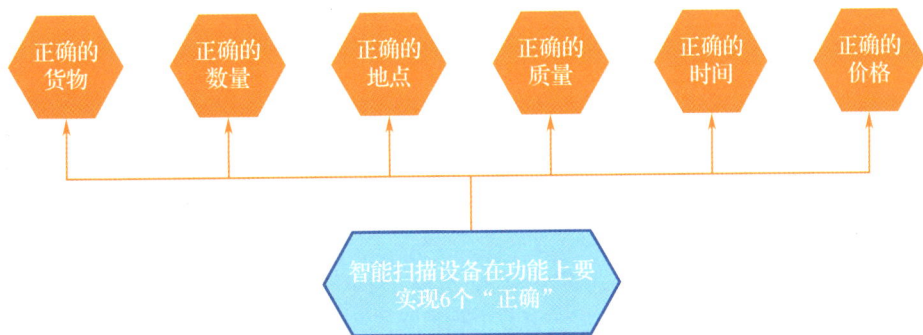

正确的货物　正确的数量　正确的地点　正确的质量　正确的时间　正确的价格

智能扫描设备在功能上要实现6个"正确"

图 4-36　智能扫描设备在功能上要实现 6 个"正确"

任务准备 2：常见智能扫描设备的应用技术有哪些？

常见智能扫描设备的应用技术如表 4-3 所示。

表4-3 常见智能扫描设备的应用技术

序号	常见扫描技术	扫描技术说明	应用场景举例
1	条形码识别技术	条形码是由一组按特定规则排列的条、空及对应字符组成的表示一定信息的符号，是利用光电扫描设备识读条形码的符号，从而实现信息自动录入	
2	RFID 识别技术（射频识别技术）	RFID 识别技术是近几年发展起来的现代自动识别技术，它是利用感应、无线电波或微波技术的读写器设备对射频标签进行非接触式识读，达到对数据自动采集的目的。它可以识别高速运动的物体，也可以同时识读多个对象，具有抗恶劣环境、保密性强等特点	
3	NFC 识别技术	首先，NFC 是一种提供轻松、安全、迅速的通信无线连接技术，其传输范围比 RFID 小。其次，NFC 与现有非接触智能卡技术兼容，已经得到越来越多主要厂商的支持。最后，NFC 还是一种近距离连接协议，提供各种设备间轻松、安全、迅速且自动的通信。与无线世界中的其他连接方式相比，NFC 是一种近距离的私密通信方式	
4	光学字符识别技术	光学字符识别技术是指电子设备（如扫描仪或数码相机）检查纸上打印的字符，通过检测暗、亮的模式确定其形状，然后用字符识别方法将形状翻译成计算机文字的过程；即针对印刷体字符，采用光学的方式将纸质文档中的文字转换成黑白点阵的图像文件，并通过识别软件将图像中的文字转换成文本格式，供文字处理软件进一步编辑加工的技术	
5	生物识别技术	生物识别技术是通过计算机与光学、声学、生物传感器和生物统计学原理等高科技手段密切结合，利用人体固有的生理特性（如指纹、脸相、虹膜等）和行为特征（如笔迹、声音、步态等）来进行信息鉴定	
6	X 射线技术	X 射线是一种可以穿透木材、纸板、皮革等不透明物体的电磁波。安检仪能根据物体对 X 射线的吸收程度，在荧屏上呈现不同颜色的影像。简单来说，橙色代表有机物，如食品、塑料等；书本、陶瓷等显示为绿色；金属则显示为蓝色。这时，安检员快速查看 X 射线扫描的透视图像，就能凭借丰富的经验判断是否有违禁品	

任务准备3：常见的智能扫描设备有哪些？

常见的智能扫描设备如表4-4所示。

表 4-4　常见的智能扫描设备

序　号	设　备	设 备 名 称	主要功能说明	应 用 场 景
1		一维扫描器	一维扫描器小巧轻便，可以快速、准确地扫描一维码。在正常办公和工厂照明环境下或直接暴露在阳光下均可正常使用	适用于零售、医院或仓库环境的结算、出库等环节
2		二维扫描器	二维扫描器具有即指即扫的简单性，可以准确扫描条形码，并能采集整个文档。文字增强技术使这款扫描仪可以处理粒度最细的文本	适用于所有需要识别扫描二维条形码的企业
3		指环扫码器	指环扫码器具有高性能扫描、持久续航、佩戴舒适、高效易用等特点，是穿戴式扫描工具，可与多种设备及操作系统搭配，适用于需要解放双手或扩展扫描工具的应用场合	适用于商品入库、商品盘点、商品出库等
4		RFID 固定式读写器	RFID 固定式读写器非常适合零售库存和企业资产管理应用，尤其是性能和占地面积非常重要的地方，RFID 固定式读写器的读取能力极强，能够快速、准确地输送和追踪带 RFID 标记的货箱、货盘物品。它特别适合高密度标记的环境、高吞吐量应用及 RF 技术难以应对的材料	适用于整托入库等
5		RF 手持终端（巴枪）	无论是在销售区还是在后勤区，都能直接在工作地点自动获取库存数据；具有顶尖的处理能力、坚固耐用的设计、优秀的人体工程学设计、灵活的数据捕捉选项、企业级按键通话（PTT）功能、集中管理功能和创建支持各种操作系统的跨平台应用程序的能力	适用于仓储物流、仓库管理、快递、零售、商超等
6		称重扫码一体机	称重扫码一体机是用于快递网点收发件时对快件条形码扫描、称重和实物图像采集的高效设备。其优势如下：操作简单；集高速扫码、称重、拍摄、拍照于一体，大大提升了快递网点的工作效率，有效降低了运营成本；机器美观大方；体积小、移动方便	适用于快递网点包裹交接及系统录入、中转场包裹交接及系统录入等

续表

序 号	设 备	设备名称	主要功能说明	应用场景
7		动态扫码称重体积测量一体机	该设备的主要特点如下：①可以自动抓取包裹的体积、重量和条形码信息；②具有较高的动态处理能力；③测量精度较高	适用于快递、物流分拨、转运中心自动传送带等
8		安检扫描仪	该设备的主要功能如下：①可以实现24位真彩色图像显示；②可以实现局部放大，实时动态放大；③可以实时保存任意幅图像，并对任意图像进行处理；④可以进行毒品、炸药等危险物品的辅助探测	适用于分拣中心、转运中心等

扫一扫

请扫一扫如图 4-37 所示的二维码，了解 RF 手持终端常见故障及排除办法。

图 4-37　RF 手持终端常见故障及排除办法

任务执行

👍 **步骤 1：情况分析**

（1）**货物入库形式**：新城市配送仓需完成货物的批量入库，货量较大，采用整托入库的方式可以提高效率，同时为了便于核实商品信息，通常采用 RFID 射频识别技术，对货物进行批量核实。

（2）**仓库商品管理需要**：城市配送仓需经常对商品进行盘点管理。由于商品大多数会被拆包散卖，因此无法对商品进行批量盘点，一般采用"扫描货位＋人工核实数量"的方式进行盘点。此外，商品包装上印制的条形码基本都是一维条形码。

（3）**商品生产环节**：仓库人员首先根据客户订单信息，对商品进行拣选，然后再打包、称重，完成客户订单的交付。其中，涉及商品的拣选出库、商品打包和扫描。

（4）**仓储安全生产需要**：为保证进货及出货安全，对出入货物进行严格检查。

步骤2：选配智能扫描设备

根据上文所述，选配智能扫描设备情况如表 4-5 所示。

表 4-5　选配智能扫描设备情况

针对的情况	选用设备	说　明
货物入库形式	RFID 固定式读写器	只需让整托货物从门型通道穿过，即能够便捷地完成货物信息的核对
仓库商品管理需要	手持终端（巴枪）	既能满足散货（一维码扫描为主）的盘点工作，又能够满足整托未拆封货物（RFID 扫描为主）的盘点工作。同时，支持实名登录，携带方便
商品生产环节	手持终端（巴枪）/指环扫码器	商品拣选可通过扫描商品一维条形码进行。此功能手持终端（巴枪）或指环扫码器都可以完成
	动态扫码称重体积测量一体机	商品打包完成后，工作人员可以将完成的商品放置传送带，通过传送带线上安装的动态扫码称重体积测量一体机，完成对商品各项信息的采集，提升作业效率和精准度
仓储安全生产需要	安检扫描仪	可以对入库的未拆封商品和出库的已包装商品进行检验，防止违寄品造成的不良后果

任务评价

在完成上述任务后，教师组织进行三方评价，并对学生任务执行情况进行点评。学生完成如表 4-6 所示"智能扫描设备应用"任务评价表的填写。

表 4-6　"智能扫描设备应用"任务评价表

任　务		评　价　得　分				
任务组		成员				
评价任务		分值/分	自我评价（占 20%）	他组评价（占 30%）	教师评价（占 50%）	合计（占 100%）
评价标准	辨识智能扫描设备	30				
	任务分析	30				
	选配智能扫描设备	40				
合　计		100				

任务四 智能快递柜应用

任务展示

图4-38 本任务学习资料

1. 请扫一扫如图4-38所示的二维码，预习本任务的学习资料。

2. 作为某快递公司A区域的快递员，你负责3个小区、2栋写字楼，其中C小区3个用户明确要求你把他们的包裹投递到小区楼下的快递柜中。作为第一次使用快递柜的人员，你会如何利用快递柜进行派件投递？

任务准备

任务准备1：什么是智能快递柜？

智能快递柜，是一种联网的储物系统，该产品是由储物终端与平台管理系统组成的，具备智能存件、智能取件、远程监控、信息管理、信息发布等功能，将快递公司、收件方、管理方等相关各方无缝对接，实现集中存取、指定地点存取、24小时存取、信息发布等功能，存取全程监控，有效防止纠纷，快件信息得到保护，存取快件更安全、便捷。

任务准备2：常见的智能快递柜有哪些？

在智能快递柜市场上，有中邮集团和菜鸟联合推出的"速递易"智能快递柜，有顺丰主导的"丰巢"智能快递柜，有专注校园的"近邻宝"智能快递柜、"递易"智能快递柜，还有"格格货栈"智能快递柜、"云柜"智能快递柜和"鸟柜"智能快递柜提供商，具体如表4-7所示。

表4-7 常见的智能快递柜一览表

提供商及柜体名称	柜 体 图 样
提供商：成都我来啦网格信息技术有限公司 柜体名称："速递易"智能快递柜	
提供商：深圳市丰巢科技有限公司 柜体名称："丰巢"智能快递柜	

续表

提供商及柜体名称	柜 体 图 样
提供商：中科富创（北京）科技有限公司 柜体名称："近邻宝"智能快递柜	
提供商：递易（上海）智能科技有限公司 柜体名称："递易"智能快递柜	
提供商：南京魔格信息科技有限公司 柜体名称："格格货栈"智能快递柜	
提供商：江苏云柜网络技术有限公司 柜体名称："云柜"智能快递柜	
提供商：厦门奕宝互联科技有限公司 柜体名称："鸟柜"智能快递柜	
提供商：北京京东世纪贸易有限公司 柜体名称："京东"智能快递柜	
提供商：青岛日日顺乐家物联科技有限公司 柜体名称："日日顺"智能快递柜	
提供商：深圳市云柜互联科技有限公司 柜体名称："1 号柜"智能快递柜	

任务准备 3：智能快递柜由哪几部分构成？其功能是什么？

智能快递柜一般由主柜、副柜、监控、红外触摸屏、扫描器、RFID读卡器、锁控板、电子锁、投币器等组成，本书以"近邻宝"智能快递柜为例，介绍智能快递柜柜体构成及功能，具体如表4-8所示。

表 4-8　智能快递柜柜体构成及功能

柜 体 构 成	功 能 说 明	图 例 说 明
主柜	对全部柜体进行管理控制，也是用户取、寄、查询的基础	
副柜	可进行多组扩展，有大、中、小格口，以满足不同型号包裹的存储需要	
监控	针对作业范围，进行360°无死角全面监控，保证包裹安全	
红外触摸屏	"所见即所得"，在屏上点击即可实现输入	
扫描器	可识读一维码、二维码，直接扫描包裹单号可录入包裹信息	

续表

柜 体 构 成	功 能 说 明	图 例 说 明
RFID 读卡器	可识别投递卡，可作重启通道	
锁控板	锁控板可以控制快递柜所有格口的电子锁	
电子锁	执行开锁动作，向锁控板反馈电子锁的开合状态	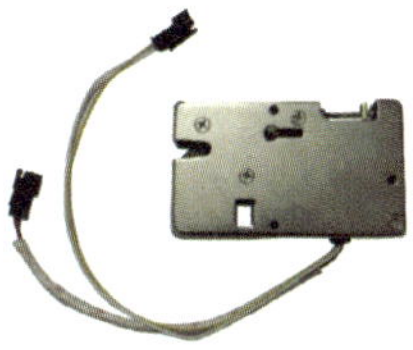
投币器	可用于账户充值、投递充值等，支持 1 元、5 角人民币币值，可设置扩展币种	

任务准备 4：智能快递柜能完成哪些业务？

各智能快递柜除具有快递、投递功能外，其他功能略有差异。比如，有的快递柜还有零食、饮料售卖功能，将市场上智能快递柜业务功能进行整理，具体如表 4-9 所示。

表 4-9　智能快递柜业务功能一览表

业 务 功 能	解 决 问 题	功 能 说 明
投递功能	1. 提高快递员投递效率，降低成本； 2. 用户不在家时，代收保存	在快递员和用户达成共识后，可以选择把快件暂存在智能快递柜中，柜子能存放大、中、小不同型号的包裹，可以是用户或者快递员其中一方付款。快递投递过程可以是单个投递，也可以是连续批量投递

续表

业 务 功 能	解 决 问 题	功 能 说 明
寄件功能	1. 快递员不能及时上门； 2. 有安排正好着急外出	用户可以选择在线上下单，填写相关寄件信息，选择附近的智能快递柜，选择不同的快递公司，并把包装好的快件投递到柜体中，从而完成快件寄递的过程
暂存功能	用户正好有些物品要暂存，稍后才能取出	用户可以通过扫描柜体二维码，选择对应大小的格口号，把需要暂存的物品放置在柜体里，用户可以通过二次扫描取走对应物品
取件功能	用户要求快递员放置的快递或者身边人投递的物品	用户可以通过微信遥控开箱和短信验证码两个途径进行快递的取件。同时，也可以通过分享链接或者密码的方式，让别人协助自己代取快递

针对投递、寄件、暂存、取件4个不同部分的操作流程，现在以"近邻宝"智能快递柜的操作为例进行简单说明。

1. 投递流程

"近邻宝"智能快递柜投递流程如表4-10所示。

表4-10 "近邻宝"智能快递柜投递流程

操 作 步 骤	细 节 说 明	作 业 图 示
唤醒屏幕	通过触摸唤醒智能快递柜电子屏幕	
进入投递界面	在电子屏幕上点击"投递"按钮，进入投递界面	

续表

操 作 步 骤	细 节 说 明	作 业 图 示
手机号码登录	在屏幕上输入投递员手机号，点击"验证"，会收到手机短信验证码，在验证栏进行验证	
扫描快递单号	在主柜下方的红外线扫描口处扫描快递单号	
输入收件人的手机号	根据屏幕提示，输入收件人的手机号码进行确认	
选择格口	根据柜体提示选择不同类型的格口号，包括大号、中号、小号、超小号4类格口	

续表

操 作 步 骤	细 节 说 明	作 业 图 示
放入包裹，关闭箱门	把包裹放进柜体，关闭箱门，关闭完成，用手按下箱门，确认箱门完全关闭	
点击"投递完成"按钮	在屏幕上点击"投递完成"按钮，完成投递流程	

2. 寄件流程

"近邻宝"智能快递柜寄件流程如表 4-11 所示。

表 4-11 "近邻宝"智能快递柜寄件流程

操 作 步 骤	细 节 说 明	作 业 图 示
选择"快递服务"	进入"近邻宝"微信公众号，选择"快递服务"	

续表

操 作 步 骤	细 节 说 明	作 业 图 示
点击"寄快递"按钮	在首页界面，点击"寄快递"按钮，这样会进入快递网点和智能柜选择界面	
选择"智能快递柜寄件"	在柜内寄件界面，选择"智能快递柜寄件"	
填写收件信息	在订单界面，填写"寄件人信息""收件人详细地址"及所寄"物品""寄件方式"等详细信息	
选择附近的智能快递柜及快递公司	根据所在地理位置，选择附近的智能快递柜和快递公司	

续表

操作步骤	细节说明	作业图示
订单生成	检查完以上信息，点击"确认"按钮，生成对应订单	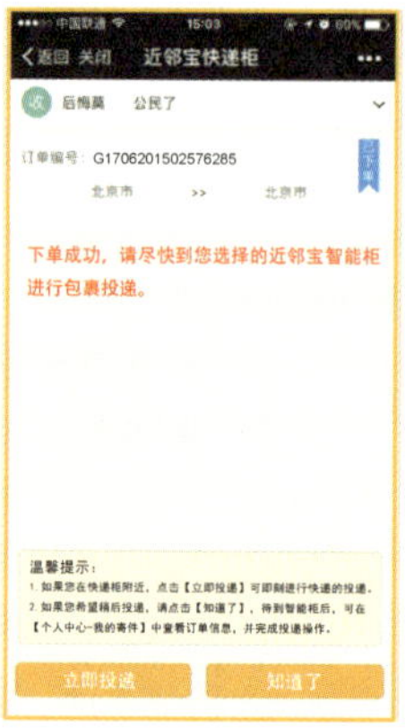
扫描对应柜体编号	到对应柜体前，用微信扫描对应柜体编号	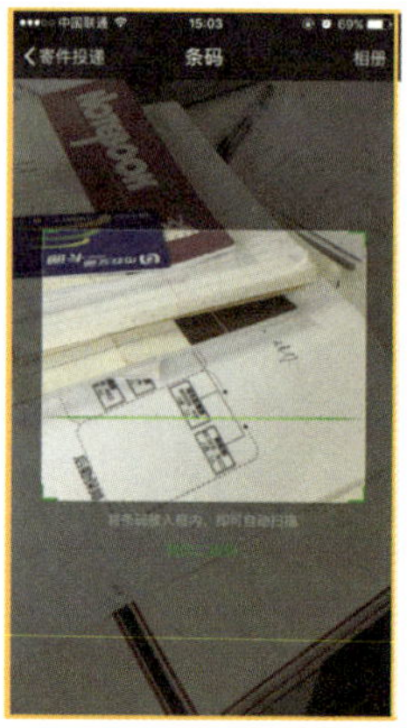
选择对应格口	根据微信端提示，选择与寄递物品大小匹配的柜体格口门打开	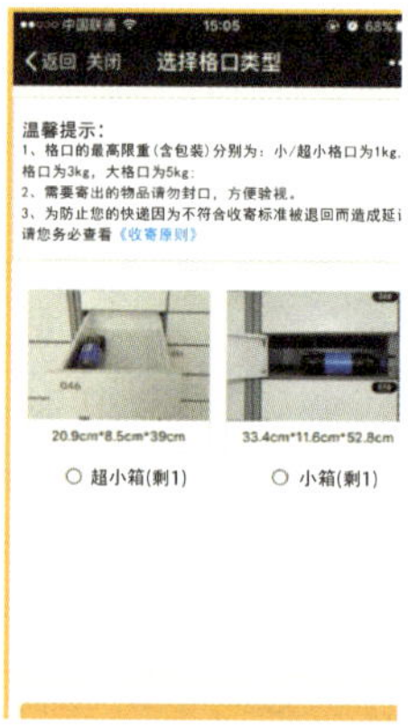
放入包裹，关闭箱门	在格口中放入准备寄递的包裹，务必关闭箱门	

续表

操 作 步 骤	细 节 说 明	作 业 图 示
支付费用	通过支付宝或者微信进行支付	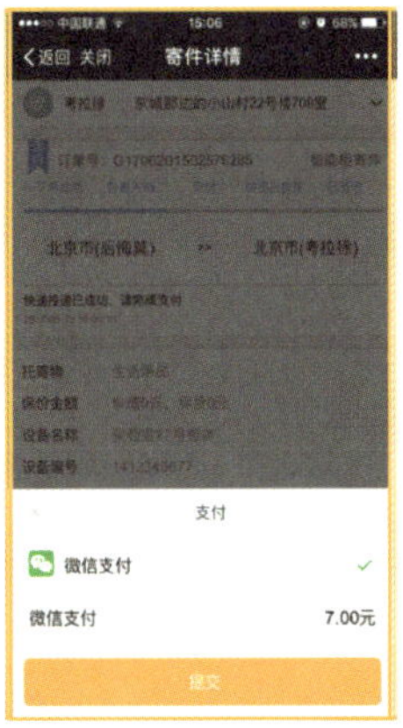
操作完成	寄递流程操作完毕，等待快递公司取件，同时，用户可以通过微信端查看进度	

3.取件流程

"近邻宝"智能快递柜取件流程如表 4-12 所示。

表 4-12　"近邻宝"智能快递柜取件流程

操 作 步 骤	细 节 说 明	作 业 图 示
唤醒屏幕	通过触摸唤醒智能快递柜电子屏幕	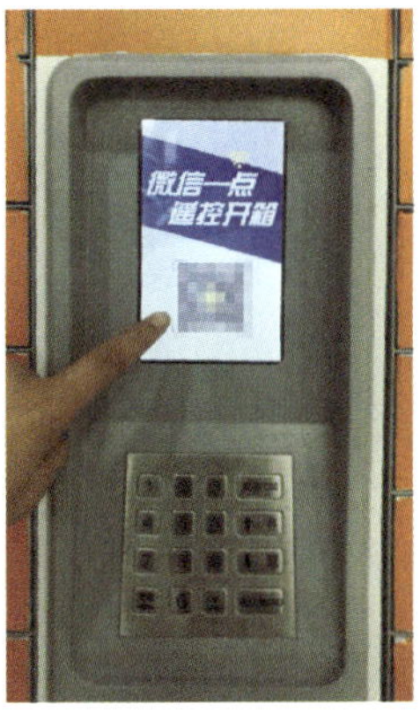

续表

操 作 步 骤	细 节 说 明	作 业 图 示
点击"取件"按钮	在屏幕左下方点击"取件"按钮	
输入取件密码	在屏幕的"取件密码"框内输入手机短信所示的取件密码	
取出快递包裹	从快递柜中取出快递包裹，关闭箱门，取件操作完毕	

4. 暂存流程

"近邻宝"智能快递柜暂存流程如表 4-13 所示。

表 4-13 "近邻宝"智能快递柜暂存流程

操作步骤	细节说明	作业图示
扫描柜体二维码	用微信扫描柜体上的二维码,弹出存取服务提示页面	
选择服务类型	在微信端选择"存"的服务按钮	
选择匹配的格口型号	根据包裹的大小,选择与之匹配的格口型号	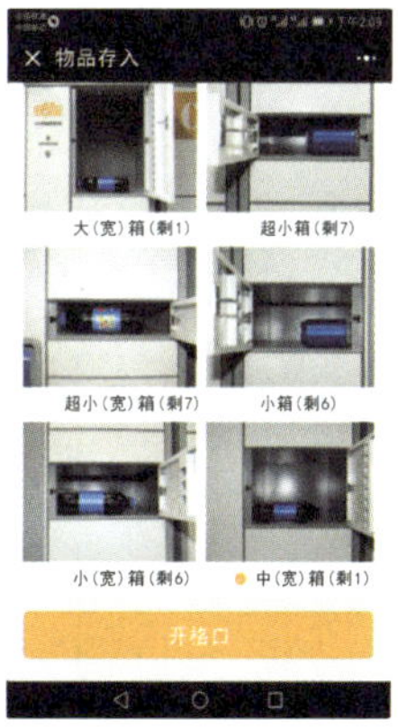
点击打开对应格口	点击打开对应格口	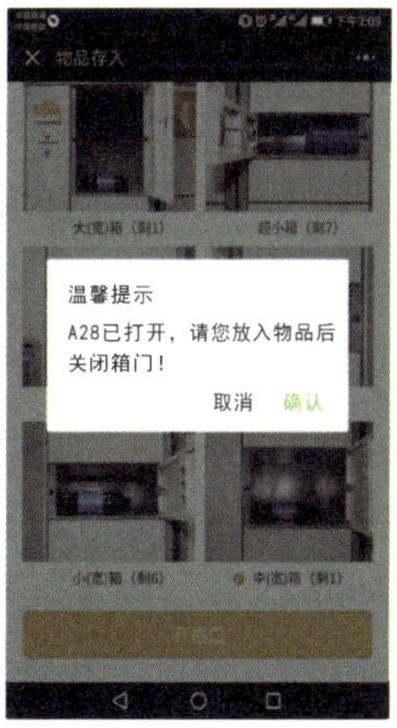

续表

操 作 步 骤	细 节 说 明	作 业 图 示
放入包裹，关闭箱门	在打开格口中放入包裹，关闭箱门，存件环节完成	
扫描柜体二维码	用微信扫描柜体二维码，弹出存取服务提示页面；在微信端选择"取"的服务按钮	
点击"打开格口"按钮	根据微信界面的提示，点击"打开格口"按钮	
取出包裹，关闭箱门	在打开格口中取出包裹，关闭箱门，取件环节完成	

任务准备5：如何做好智能快递柜的维护与保养？

智能快递柜的维护与保养包括外观维护、结构保养和器件保养，同时，以每月、半年等不同时长周期进行维护与保养（见表4-14）。

表4-14　智能快递柜的维护与保养

项　目	具 体 内 容	周　期
外观维护	1. 柜体主柜、副柜表面各个区域不得有污损痕迹	随时
	2. 柜体表面不得随意张贴小广告、纸片等物	随时
	3. 对触摸屏边框进行清洁，不得使用湿布或者有机溶剂	每周
	4. 对柜体掉色（如有）位置进行补喷	半年
结构保养	1. 进行格口巡检，核查有无卡门现象，有卡门现象者及时维修	每月
	2. 进行一次顶部维修门的巡检，保证能正常开启，无卡塞现象	每月
	3. 注意查看柜体，如有生锈现象注意及时喷漆处理	随时
	4. 雨雪后注意雨棚是否漏雨	随时
	5. 雨雪后对柜体下部或顶部积水及时处理	随时
器件保养	1. 触摸屏进行周期性的擦洗与保养	每月
	2. 注意清理扫码器处的灰尘	每月
	3. 注意清理RFID刷卡器的灰尘	每月
	4. 注意清理投币器的灰尘	每月
	5. 大雨过后打开主柜柜门、副柜顶部维修门，查看是否有积水	随时

扫一扫

请扫一扫如图4-39所示的二维码，了解智能快递柜发展现状与未来。

图4-39　智能快递柜发展现状与未来

任务执行

步骤1：选择投递

首先，通过触摸屏幕唤醒智能快递柜电子屏，然后，单击智能快递柜左下方"投递"按钮，进入投递界面，如图4-40～图4-42所示。

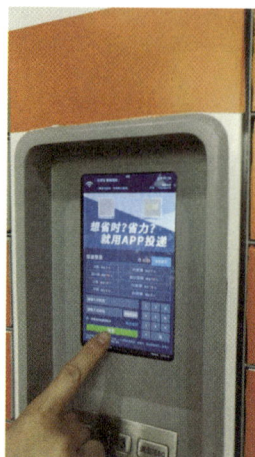

图4-40　触摸屏幕　　　图4-41　单击"投递"按钮　　　图4-42　进入投递界面

👍 **步骤2：账号验证**

在屏幕上输入投递员的手机号码，单击"验证"，收到手机短信验证信息，进行验证，如图4-43～图4-45所示。

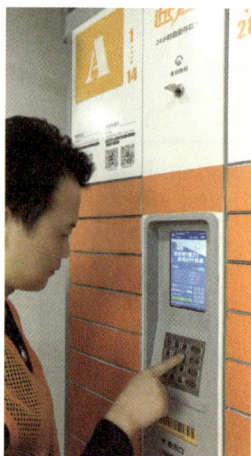

图4-43　输入投递员的手机号码　图4-44　收到手机短信验证信息　　图4-45　进行验证

👍 **步骤3：扫描单号**

在主柜下方的红外线扫描口处扫描快递单号，扫描时注意远近距离，也要注意切换角度，这样能更快地完成扫描，如图4-46～图4-48所示。

👍 **步骤4：输入收件人手机号**

根据屏幕提示，输入收件人的手机号码，输入完毕后进行一次确认，避免因输入错误导致错取丢件，如图4-49～图4-51所示。

图 4-46　定位条形码

图 4-47　对准红外线

图 4-48　扫描成功

图 4-49　输入收件人的手机号码

图 4-50　确认手机号码

图 4-51　校准核实

步骤 5：选择格口

根据柜体提示选择不同类型的格口号，包括大号、中号、小号、超小号等不同类型的格口，如图 4-52～图 4-54 所示。

图 4-52　判断大小

图 4-53　选择格口

图 4-54　打开箱门

步骤 6：包裹投递

把包裹放进柜体，关闭箱门，用手按压检查箱门是否完全关闭，如图 4-55～图 4-57 所示。

图 4-55　放入包裹　　　　图 4-56　关闭箱门　　　　图 4-57　按压检查

步骤 7：循环投递

在屏幕上选择"继续投递"，投递界面又会进入扫描单号的界面，再通过以上步骤完成快递的循环投递，如图 4-58～图 4-60 所示。

图 4-58　继续投递　　　　图 4-59　扫描单号　　　　图 4-60　循环投递

步骤 8：投递完毕

当所有快件投递完毕，在屏幕上单击"投递完成"，根据屏幕提示进行确认，无误后单击"完成"按钮，如图 4-61～图 4-63 所示。

图 4-61　单击"投递完成"按钮　　　图 4-62　核实信息　　　图 4-63　完成投递

任务评价

在完成上述任务后，教师组织进行三方评价，并对学生任务执行情况进行点评。学生完成如表 4-15 所示"智能快递柜应用"任务评价表的填写。

表 4-15　"智能快递柜应用"任务评价表

任　务		评 价 得 分				
任务组		成员				
	评价任务	分值/分	自我评价（占 20%）	他组评价（占 30%）	教师评价（占 50%）	合计（占 100%）
评价标准	选择匹配的格口	30				
	输入正确信息	30				
	校准收件人信息	40				
合　计		100				

任务五　无人机应用

任务展示

1. 请扫一扫如图 4-64 所示的二维码，预习本任务的学习资料。

2. 新冠病毒感染疫情常态化防控阶段，A 市疾控中心接到下辖 B 区疾控中心的求助，需要紧急调拨一批检验检疫物资以满足防控

图 4-64　本任务学习资料

123

的需求，为提高配送时效，此批物资决定采用无人机配送。作为无人机配送团队的主要负责人，你将如何利用无人机完成此次配送业务？

任务准备

👍 任务准备1：无人机是什么？

无人驾驶航空器（Unmanned Aircraft）简称无人机，2020年5月1日起实施的《中华人民共和国国家标准无人驾驶航空器系统术语》（GB/T 38152—2019，简称《无人驾驶航空器系统术语》）中规定：无人驾驶航空器是指由遥控设备或自备程序控制装置操纵，机上无人驾驶的航空器。

👍 任务准备2：无人机的分类有哪些？

无人机种类繁多、用途广、特点鲜明，在尺寸、质量、航程、飞行高度等方面有较大差异，具体的分类如表4-16所示。

表4-16　无人机常见分类一览表

分类方式	类　型	特　点
按飞行平台构型分类	固定翼无人机	续航时间长、载荷大
	旋翼无人机	可垂直升降、空中悬停、结构简单
	无人飞艇	滞空时间长、能耗低
	伞翼无人机	体积小、灵活性高
	扑翼无人机	动力系统和控制系统合为一体、飞行效率高
按用途分类	军用无人机	用于军事领域
	民用无人机	广泛应用于除军事领域外的民用领域
	工业无人机	主要用于物流、农林植保、安保巡防及油气开采等众多行业
按尺度分类	微型无人机	空机质量小于等于7 kg
	轻型无人机	质量大于7 kg，但小于等于116 kg
	小型无人机	空机质量小于等于5 700 kg
	大型无人机	空机质量大于5 700 kg
按任务高度分类	超低空无人机	任务高度一般在0～100 m
	低空无人机	任务高度一般在100～1 000 m
	中空无人机	任务高度一般在1 000～7 000 m
	高空无人机	任务高度一般在7 000～18 000 m
	超高空无人机	任务高度大于18 000 m

任务准备 3：物流无人机的内涵及特征有哪些？

物流无人机是智慧物流体系的重要组成部分，大多采用多旋翼无人机，由动力驱动，飞行时凭借三个及以上旋翼，依靠空气的反作用力，获得支撑，能够垂直起降、自由悬停。

物流无人机按照既定的路线进行飞行，完成设定的配送任务，相对于传统物流配送，配送时间可节省 40% ~ 60%，规模化配送成本可降低 50%。

近年来，随着无人机技术的不断进步，物流无人机广泛应用于快递外卖、特色生鲜、医疗冷链及军事保障等领域。

任务准备 4：物流无人机配送系统由哪些组成？

物流无人机配送系统由物流无人机、无人枢纽站、飞控系统、物流集散基地等构成，核心模块主要功能如下。

1. 物流无人机

物流无人机采用多旋翼飞行器，配有 GPS 自控导航系统、iGPS 接收器、各种传感器及无线信号发收装置，具有智能监控功能、GPS 自控导航、定点悬浮、人工控制等多种飞行模式。

RA3 物流无人机，采用货箱机身一体化设计，能够有效降低风阻和能耗，与无人枢纽站配合，完美实现货物自动装卸、自动存储，提高配送效率，RA3 结构及主要参数如图 4-65 所示。

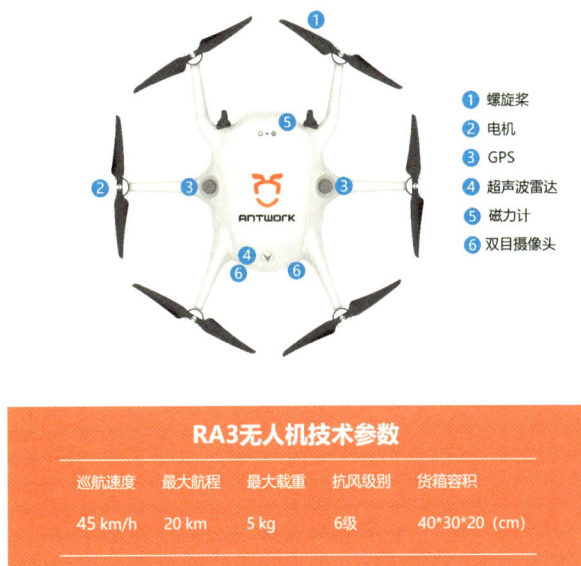

① 螺旋桨
② 电机
③ GPS
④ 超声波雷达
⑤ 磁力计
⑥ 双目摄像头

RA3无人机技术参数				
巡航速度	最大航程	最大载重	抗风级别	货箱容积
45 km/h	20 km	5 kg	6级	40*30*20 (cm)

图 4-65　RA3 结构及主要参数

2. 无人枢纽站

无人枢纽站配备计算机、无人机排队决策系统、快递管理系统、iGPS 定位系统、无人机着陆引导系统、停机台、机械传送系统等，内部和外部分别安装了监控摄像头，通过远程进行监控和报警。

RH1 无人枢纽站具备货物中转暂存、无人机起降坪、货物取件等功能，RH1 无人枢纽站结构及主要参数如图 4-66 所示。

图 4-66　RH1 无人枢纽站结构及主要参数

3. 飞控系统

飞控系统是无人机完成起飞、空中飞行、执行任务和返场回收等整个飞行过程的核心系统，是无人机最核心的技术之一。

飞控系统一般包括传感器、机载计算机和伺服动作设备三大部分。传感器主要功能是导航制导；机载计算机主要功能是任务接收、规划和执行；伺服动作设备主要功能是姿态稳定和控制。飞控系统工作原理如图 4-67 所示。

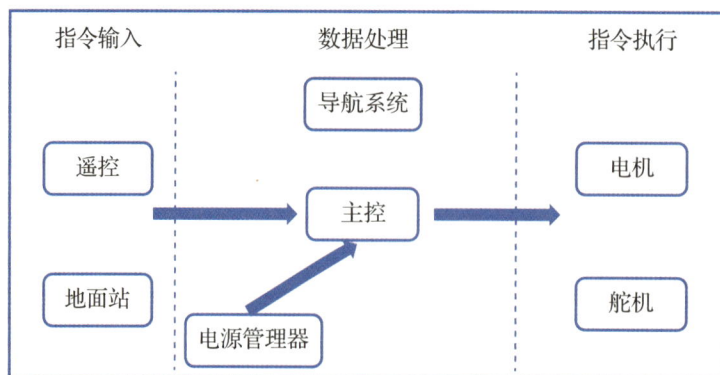

图 4-67　飞控系统工作原理

4. 物流集散基地

异地快递在抵达本区域后先运往集散基地，基地根据快递盒的记忆模块中的快件信息将快递按片区分类，并运往该片区的分点，同时基地将所有到达的快递信息入库，并同时将信息发送到调度中心。

扫一扫

请扫一扫如图 4-68 所示的二维码，了解无人机常见故障及排除办法。

图 4-68　无人机常见故障及排除办法

任务执行

如图 4-69 所示，下面以迅蚁 TR7S 无人机为例介绍物流无人机的操作。

图 4-69　迅蚁 TR7S 无人机

步骤 1：载荷装载

（1）将需要配送的检验检疫物资装入 40 cm×30 cm×20 cm 的纸箱，并按要求进行封装。

（2）如图 4-70 所示，依据任务要求与作业规范，将包装好的纸箱装入货箱，并检查货箱锁扣是否关闭牢靠。

步骤 2：飞行前检查

（1）检查智能飞行电池是否电量充足。

（2）仔细检查螺旋桨有无裂纹、是否完好无损，用手拨动螺旋桨，确认每个螺旋桨都可以顺畅地转动。

（3）检查前、后机臂以及桨叶是否完全展开。

（4）如图 4-71 所示，检查电池连接情况。

（5）确认起落架是否稳固，目视飞机处于水平状态。

图 4-70　载荷装载

图 4-71　检查电池连接情况

步骤 3：起降与作业飞行

（1）如图 4-72 所示，配送物资装载完成后，将飞行器放置在 A 市疾控中心外的 RH1 无人枢纽站，用户面朝机尾。

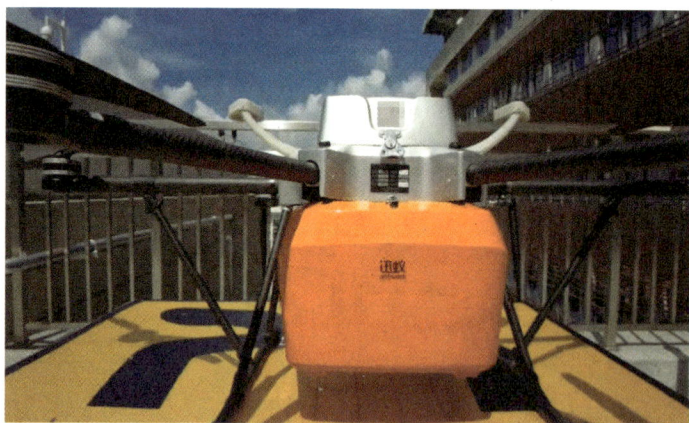

图 4-72　放置飞行器

（2）启动飞行器安全开关。

（3）人员撤离到安全区域，并通知运行监控中心执行飞行任务。

步骤 4：载荷投递

（1）飞行器飞抵 B 区疾控中心外的 RH1 无人枢纽站，枢纽站舱口打开，飞行器将配载物资投递至无人枢纽站。

（2）B 区疾控中心工作人员凭取件码，提取配送物资。

步骤 5：日常检查与维护

（1）规范填写检修维护手册。

（2）完成对机体各紧固件的检查。

（3）长时间不使用飞机，请拆下螺旋桨，注意防尘、防潮，避免曝晒、老化及挤压、碰撞。

（4）长时间不使用电池，请放置于防爆柜中进行专门储存。

（5）严禁拆卸电池外壳，严禁以任何方式拆卸或改装电池线路，或刺穿电池。

任务评价

在完成上述任务后，教师组织进行三方评价，并对学生任务执行情况进行点评。学生完成如表 4-17 所示"无人机应用"任务评价表的填写。

表 4-17　"无人机应用"任务评价表

任　务		评 价 得 分			
任务组		成员			
评价任务	分值/分	自我评价（占 20%）	他组评价（占 30%）	教师评价（占 50%）	合计（占 100%）
评价标准	机体安装	15				
	飞行前检查	15				
	载荷装载	10				
	起降与作业飞行	35				
	载荷卸载	10				
	日常检查与维护	15				
合　计	100				

思政课堂

请扫一扫如图 4-73 所示的二维码，进行项目四思政课堂的学习。

图 4-73　项目四思政课堂

参 考 文 献

[1] 陈雄寅. 物流设备操作 [M]. 北京：高等教育出版社，2014.

[2] 李建成. 叉车驾驶与维护 [M]. 北京：机械工业出版社，2013.

[3] 蒋祖星. 物流设施与设备 [M]. 北京：机械工业出版社，2012.

[4] 罗毅. 物流装卸搬运设备与技术 [M]. 北京：北京理工大学出版社，2010.

[5] 陈建平. 仓储设备使用与维护 [M]. 北京：机械工业出版社，2011.

[6] 刘远伟，何民爱. 物流机械 [M]. 北京：机械工业出版社，2006.

[7] 刘敏. 物流设施与设备操作实务 [M]. 北京：电子工业出版社，2011.

[8] 张秋会. 集装箱进出口作业实操 [M]. 北京：中国劳动社会保障出版社，2015.